Carl-Auer

Frank Eger

Einführung in die lösungsorientierte Soziale Arbeit

2016

Reihengestaltung: Uwe Göbel
Umschlag: Heiner Eiermann
Satz: Verlagsservice Hegele, Heiligkreuzsteinach
Printed in the Czech Republic
Druck und Bindung: FINIDR, s. r. o.

Erste Auflage, 2016
ISBN 978-3-8497-0117-8 (Printausgabe)
ISBN 978-3-8497-8042-5 (ePUB)
ISBN 978-3-8497-8028-9 (PDF)

Bibliografische Information der Deutschen Nationalbibliothek:
Die Deutsche Nationalbibliothek verzeichnet diese Publikation in der Deutschen Nationalbibliografie; detaillierte bibliografische Daten sind im Internet über http://dnb.d-nb.de abrufbar.

Informationen zu unserem gesamten Programm, unseren Autoren und zum Verlag finden Sie unter: **www.carl-auer.de**.

Wenn Sie Interesse an unseren monatlichen Nachrichten aus der Vangerowstraße haben, können Sie unter http://www.carl-auer.de/newsletter den Newsletter abonnieren.

Carl-Auer Verlag GmbH • Vangerowstraße 14
69115 Heidelberg • Tel. +49 6221 6438-0
Fax +49 6221 6438-22 • info@carl-auer.de

Inhalt

1 Einleitung

Lösungsorientierung erhält, ausgehend von systemischen Grundlagen der Beratung und Begleitung, bei unterschiedlichen Trägern Sozialer Arbeit zunehmend Relevanz. Davon zeugen die entsprechenden Positionierungen in Konzeptionen von Einrichtungen und Diensten. Unterstützung erhalten diese Träger Sozialer Arbeit von Vertretern des systemischen Paradigmas der Beratung, z. B. von Paul Watzlawick. Er bezweifelte, dass Probleme eher dadurch gelöst werden, dass man sich intensiv mit ihnen beschäftigt. Insbesondere die lösungsorientiert-systemische Linie verweist in diesem Zusammenhang auf die Gefahr einer Problemtrance und praktiziert stattdessen die Auseinandersetzung mit Zielen und Ressourcen in Vergangenheit, Gegenwart und Zukunft.

Demgegenüber bestimmt Soziale Arbeit in einigen ihrer Theorien und Konzepte (Engelke 2004; Lambers 2013) personale und soziale Probleme als Gegenstand ihrer Disziplin und Profession. Soziale Arbeit wird infolgedessen tätig, sobald auf der Grundlage einer intensiven Problemanalyse Hilfebedarf aufgezeigt wird.

Lösungsorientierte Soziale Arbeit zeichnet sich durch das Bekenntnis aus, personalen und sozialen Systemen auf der Basis ihrer Anliegen und unter Würdigung ihrer Strategien zu helfen, ohne sie zu pathologisieren. Damit knüpft lösungsorientierte Soziale Arbeit in einer ihrer zentralen Aussagen an das »Milwaukee-Axiom« des lösungsorientierten Beratungsansatzes an (Bamberger 2010, S. 11), dem zufolge Lösungen erreicht werden, indem die Konzentration von Anfang an auf Ressourcen und Ziele gerichtet ist.

Lösungsorientierte Soziale Arbeit bedeutet mehr als eine partielle Anwendung von Instrumenten. Sie erfordert eine konstituierende Ausrichtung auf Ressourcen und Ziele. Denn lösungsorientierte Soziale Arbeit wird von der Überzeugung getragen, dass Entwicklungsaufgaben sowohl personaler als auch sozialer Systeme mit der entsprechenden Fokussierung als Herausforderung betrachtet werden können. Ressourcen werden bei lösungsorientierter Sozialer Arbeit prinzipiell als vorhanden vorausgesetzt, und im sozialarbeiterischen Handeln wird eine Erwartung darauf aufbauender Veränderung geschaffen.

Nach vorliegendem Verständnis wird lösungsorientierte Soziale Arbeit infolge der personalen und sozialen Entwicklungstatsache tätig, wonach personale und soziale Systeme in ihrer Entwicklung laufend mit Aufgaben konfrontiert werden. Im Kern widmet sich Soziale Arbeit dabei Inklusions- und Exklusionsthemen. Die Funktion Sozialer Arbeit liegt nun darin, personale und soziale Systeme in Anbetracht ihrer Entwicklungsaufgaben ressourcen- und zielfokussiert anzuregen.

Diese Perspektive birgt ein außerordentliches Potenzial für eine Veränderung Sozialer Arbeit hinsichtlich ihrer basistheoretischen Grundlegung, ihres Gegenstandes, ihrer gesellschaftlichen Funktionsbestimmung sowie ihrer relevanten Handlungsmuster.

In den folgenden Kapiteln sollen Implikationen, wie sie sich mit einer lösungsorientierten Perspektive auf Soziale Arbeit ergeben, einführend behandelt werden. Dabei werden Grundzüge aus Eger (2015b) weitergeführt und vertieft.

2 Personen und soziale Systeme in Regeltrance

2.1 *Ziele, Ressourcen – Lösungen*

Mit dem Merkmal der Lösungsorientierung setzt sich Soziale Arbeit in einen Gegensatz zu all denjenigen Verfahren, die davon ausgehen, dass eine Veränderung in Richtung gewünschter Ziele stets eine Problemanalyse erfordert.

Lösungsorientierung in der Sozialen Arbeit bedeutet, die vorgetragenen Probleme, Konflikte, Störungen usw. nicht vertiefend zu explorieren, sondern möglichst rasch auf die vorhandenen Kompetenzen und Ressourcen zu fokussieren und alle Möglichkeiten ihrer aktiven Nutzung auszuschöpfen, damit man möglichst direkt zu einer Lösungsperspektive gelangt.

Die Frage nach dem Warum wird bei der Lösungsorientierung nicht gestellt. Sie wird ersetzt durch die Frage: »Was ist statt des Problems da?« Dabei muss auch lösungsorientierte Soziale Arbeit anerkennen, dass die Formulierung eines Problems explizit oder implizit nur in Anbetracht von Alternativen vorgenommen werden kann (und umgekehrt). Kurt Ludewig (2000, S. 9) führt dazu treffend aus:

> »Die Klientin leidet nicht nur unter einem Problem, sondern sie kennt auch alternative Zustände ohne dieses Problem. Sonst gäbe es in ihrem kognitiven Bereich das Problem nicht. Dabei dürfte die Kehrseite des Problems kein bloßes Nichtproblem und kein beliebiger Zustand sein, sondern eine Klasse von Zuständen beinhalten, die im pragmatischen Sinne alternativ zum Problem sind. Von dieser Komplementarität von Problem und Alternativen leben die lösungsorientierten Ansätze. Sie bauen bekanntlich darauf auf, dass die Aktivierung

von derzeit ungenutzten Alternativen die Klientin in einen mit dem Problem inkompatiblen Zustand versetzen kann.«

Das Konzept der Lösungsorientierung stützt sich auf drei Merkmale, die eine Abwesenheit von Problemorientierung signalisieren und nachfolgend näher betrachtet werden sollen: Ziele, Ressourcen und Lösung.

Ziele

Ziele umfassen eine inhaltliche Orientierung, die in der lösungsorientierten Sozialen Arbeit als Reaktion auf die Beschreibung des Anliegens definiert wird. Ziele sollten in der lösungsorientierten Sozialen Arbeit als Fähigkeiten, Kompetenzen und sonstige erwünschte Gegebenheiten formuliert werden und nicht einfach als Abwesenheit von Problemen. Sozialarbeiter werden mit einem doppelten bis dreifachen Mandat in der Sozialen Arbeit tätig. Insofern arbeiten sie oftmals mit mehreren, teils konkurrierenden Zielen. Lösungsorientierte Soziale Arbeit hebt sich somit von de Shazers Konzept der »solution-focused therapy« ab, das »sich ganz an den Zielen des Klienten orientiert« (vgl. Sparrer 2006, S. 28). Die Zielformulierung in der lösungsorientierten Sozialen Arbeit bedeutet oft ein Aushandeln unterschiedlicher Ziele auf den unterschiedlichen Systemebenen und beinhaltet z. B. neben personalen und organisationalen auch gesellschaftliche (z. B. Gerechtigkeits-)Ziele. Ziele repräsentieren in hohem Maße den emanzipatorischen Anteil lösungsorientierter Sozialer Arbeit. Denn Veränderungen auf den unterschiedlichen Systemebenen werden erreicht, indem mithilfe von Ressourcen auf Ziele Bezug genommen wird.

In ihrer Zielpräferierung erhält Lösungsorientierung seit einiger Zeit Unterstützung von dem in den USA entwickelten und dort in Sozialer Arbeit erprobten »task-centered approach« (Naleppa a. Reid 2003).

Ressourcen

Als personale, soziale und materielle Ressourcen (vgl. Möbius u. Friedrich 2010, S. 15) werden diejenigen Mittel betrachtet, die zur Bewältigung von Entwicklungsaufgaben personaler und sozialer Systeme wesentlich beitragen. Dabei orientieren wir uns an dem Modell der Unabhängigkeit von Problem und Ressource (Willutzki 2003). Demnach verfügen selbst Personen und soziale Systeme (Gruppen, Organisationen, Gesellschaft) mit ausgeprägten Beeinträchtigungen über Ressourcen, die einen stabilisierenden Einfluss ausüben (können). Das hier vertretene Modell geht über die Idee des Kontinuums von Antonovski (1997) hinaus, dem zufolge Ressourcen und Vulnerabilitäten in einem Mischverhältnis bestehen. Entlang einer multimodalen Ressourcendiagnostik lassen sich Ressourcen personaler (Klemenz 2003) und sozialer Systeme unabhängig von Defiziten bestimmen und direkt nutzbar machen. Neben dem Bezug auf Personenressourcen ist insbesondere die Identifizierung und Nutzbarmachung sozialer Ressourcen auf der Ebene von Gruppen, Organisationen und gesellschaftlichen (Teil-)Systemen eine der zentralen Aufgaben lösungsorientierter Sozialer Arbeit. Damit steht sie im Gegensatz zu einer »klientifizierenden« und defizitfixierten Sichtweise.

Das hier vorgetragene Ressourcenverständnis ist mit der Zielorientierung gekoppelt und markiert als ressourcen- und zielorientierte Haltung die nachfolgend beschriebene Lösungsorientierung.

Lösung

Der Begriff »Lösung« enthält keine exakte inhaltliche Beschreibung (wie dies bei Zielen der Fall ist), sondern bezieht sich hauptsächlich auf die Haltung bzw. die Operation, die eine Abwesenheit vom Problem ermöglicht. Es wird ein neuer Kontext erzeugt, der es personalen und sozialen Systemen erlaubt, auf Ressourcen und Ziele zu fokussieren. Infolge dieser Umfokussierung »lösen« sich erlebte Starre, Ohnmacht usw.

Eine Formulierung von Ludewig (2000, S. 36) verdeutlicht den aktiven, operativen Anteil des Lösungsbegriffs: Ein Problem sei dann verschwunden,

> »wenn dessen Wiederholungsstruktur auf dem Wege der Aktivierung von Ressourcen destabilisiert und durch Umfokussierung auf Alternativen abgelöst«

wäre. Dieser Blickwechsel ermöglicht die Formulierung eines allgemeinen Lösungsbildes, von dem aus exakte Ziele definiert werden können. Der Autor teilt die Einschätzung Ludewigs, dass der Lösungsbegriff semantische Schwächen impliziert (vgl. ebd.), da er oft so verwendet wird, als gäbe es bezüglich eines Problems eine (inhaltliche) Lösung. Diese Betrachtung mag für Mathematik und Naturwissenschaften angemessen sein. Im Hinblick auf personale und soziale Systeme ist es jedoch eher angezeigt, von der Lösung als einem Modus personaler und sozialer Systeme auszugehen, der eine Fokussierung auf Ziele und Ressourcen induziert. Damit übersteigt der Lösungsbegriff bloße technologische Handlungsweisen (z. B. die Konstruktion der Frage nach Ausnahmen) und impliziert insbesondere eine Haltung. Das Konzept lösungsorientierter Sozialer Arbeit hält an dem Begriff der Lösungsorientiertheit fest, um damit für Sozialarbeiter eine Option zum Ausdruck zu bringen, die vom unmäßigen Analysieren der Problemkonstruktionen personaler und sozialer Systeme umleitet und stattdessen Aufmerksamkeit auf Ressourcen und Ziele richtet.

Exkurs: Warum erscheint es selbstverständlich, dass ein Problem analysiert und verstanden sein muss, damit es gelöst werden kann?

Die Idee, dass ein Problem analysiert und verstanden sein muss, damit es gelöst werden kann, wird in unterschiedlichen kulturellen und wissenschaftlichen Zusammenhängen, mehr oder weniger prominent, vertreten. Insofern kann von kommunikativen Mustern gesprochen werden, die einen problemorientierten Anschluss in der Kommunikation nahelegen. Die nachfolgenden Beispiele solcher Muster können und sollen sicherlich keinen Wissenschaftsbereich stellvertretend abbilden; allerdings mögen die Beispiele den Leser animieren, selbst auf Erkundung zu gehen, um kulturelle Muster der Orientierung entlang von Problem- bzw. Lösungsorientierung in der Gesellschaft zu identifizieren.

Der Kirchenlehrer Augustinus (354–430) hat die Lehre von der Erbsünde entwickelt. »Erbsünde« als theologischer Begriff wurde aus dem Sündenfall von Adam und Eva, die vom Baum der Erkenntnis gegessen hatten, als Unheilszustand abgeleitet. Augustinus ging davon aus, dass infolge dieses Sündenfalls kein Mensch ohne Sünde geboren wird, dass alle Menschen den Zustand der Sünde gleichsam geerbt haben. Psalm 51,7 und Römer 5,12 werden als Belege für die Lehre von der Erbsünde angeführt. Insbesondere im Zuge der europäischen Aufklärung entstanden zur Erbsündelehre Gegenkonzepte, wie sie beispielsweise von Rousseau vertreten wurden, der gesellschaftliche Einflüsse und speziell Erziehung als maßgeblich für den an sich guten Menschen betrachtete. Heute distanziert sich auch die katholische Dogmatik (vgl. Schneider 2000, S. 95 f.) von einem Erbsündebegriff, wie Augustinus ihn verwandt hat.

Die Idee, dass Probleme verstanden sein müssen, damit sie gelöst werden können, wurde nicht zuletzt mit der Entstehung moderner Mathematik und Naturwissenschaften im 17. Jahrhundert angelegt. Bei der Entfaltung dieser Idee kommt der rationalen Mechanik seit Newton eine besondere Rolle zu. Ihr gemäß können Probleme entziffert, als mathematische Aufgaben formuliert, und anschließend gelöst werden. Das Festhalten an der Idee des Analysierens von Problemen resultiert somit aus einem wissenschaftlichen Denken, das noch immer an einem Modell der rationalen (deterministischen) Mechanik orientiert ist.

Es wird jedoch bereits in der Mathematik selbst deutlich, dass die tatsächliche Lösbarkeit von Gleichungen äußerst limitiert ist. Die rationale Mechanik stößt im eigenen Einsatzgebiet an *Grenzen,* die mit der *Komplexität* der betrachteten Systeme zu tun haben. Selbst wenn fundamentale Gesetze und Strukturen bekannt und damit mathematisch formulierbar sind, gelingt ab einer bestimmten Komplexitätsbarriere weder eine mathematische (theoretische) noch rechnerische (praktische) Lösbarkeit (vgl. Lenhard 2015).

Solche Probleme entlang der Komplexitätsbarriere können jedoch auf eine pragmatische Weise gelöst werden, ohne dass sie (im Sinne der rationalen Mechanik) verstanden und analysiert werden müssten. Ein Beispiel für ein alternatives Verfahren ist der sogenannte Sintflutalgorithmus (Dueck 2006), der in Optimierungsaufgaben angewendet wird, die infolge ihrer hohen Komplexität sowohl das vollständige Ausprobieren aller Möglichkeiten als auch einfache mathematische Verfahren ausschließen.

Am Beispiel des SGB VIII (Kinder- und Jugendhilfegesetz) lässt sich für den Bereich der Rechtswissenschaften zeigen, dass bei Zielbestimmungen (etwa § 1 SGB VIII), nicht jedoch bei Individualleistungen (beispielsweise den Hilfen zur Erziehung gem. § 27 ff.) lösungsorientierte Denkweisen akzeptiert sind.

Rein technisch werden bei Leistungsansprüchen stets »konditionale« Auslösekriterien für das staatliche Entscheiden benötigt. So sind Ziele nichts anderes als ein Leitfaden für die Ermittlung der Konditionen, die die Entscheidung zwischen Recht und Unrecht tragen. Ohne Konditionen kein Code, kein Programm, keine strukturierte Komplexität, letztlich kein Recht.

Im Bereich der Individualleistungen bleibt problemorientierte Kommunikation (*bisher*; da ja auch eine andere Vorgehensweise möglich ist) nicht aus, da die Operationalisierung als Mängelzuweisung erfolgt. Im Rahmen einer Fallbeschreibung ist anzugeben, unter welchen Bedingungen Positivziele nicht erreicht sind. In der Abwesenheit der Mängel liegt dann der Positivzustand vor, und das Ziel ist erreicht.

Die Idee der Lösungsorientierung sieht demgegenüber vor, als konditionale Auslösekriterien für das staatliche Entscheiden die noch zu erwerbenden Ressourcen bzw. zu erreichenden Ziele zu bezeichnen. In lösungsorientierter Hinsicht wird davon ausgegangen, dass Ressourcen und Ziele beispielsweise als zu erwerbende Kenntnisse und Fähigkeiten zu formulieren sind.

Kritische Sozial- und Gesellschaftstheorie vermittelt ebenfalls Hinweise auf Problemorientierung. Kritische Gesellschaftstheorie zielt unter anderem auf den

> »Nachweis, dass die Struktur und Dynamik der kapitalistischen Ökonomie, die diese [Struktur und Dynamik] stabilisierenden Macht- und Herrschaftsverhältnisse sowie ihre ideologische Verklärung zu inakzeptablen Ungerechtigkeiten, zu Einschränkungen der individuellen Autonomie, zur fort-

> schreitenden Zerstörung der natürlichen Lebensgrundlagen sowie zur Gefährdung demokratisch verfasster Politik führen« (Scherr 2015, S. 18).

Kritische Sozial- und Gesellschaftstheorie ist somit laut Scherr in ihrer grundsätzlichen Kapitalismuskritik normativ voraussetzungsvoll. Und sie nimmt gesellschaftliche Strukturen als problemerzeugende in den Blick und will mit diesem perspektivischen Hebel eine Umgestaltung der Gesellschaft herbeiführen (ebd., S. 17).

Soziale Arbeit mit dieser Perspektive Kritischer Theorie wird somit mit dem Ziel der gesellschaftlichen Veränderung die Lebensbedingungen ihrer Klientinnen und Klienten in der kapitalistischen Gesellschaft im Sinne eines »Es gibt kein richtiges Leben im falschen« (Adorno 1997, S. 43) problemorientiert kommunizieren.

Mit dem Begriff der Katharsis wird in der Psychologie die Hypothese verbunden, dass das Ausleben innerer Konflikte und verdrängter Emotionen zu einer Reduktion dieser Konflikte und Emotionen führt. Zunächst erbrachten in den 1960er-Jahren experimentale Studien Belege für obige Hypothese. Zahlreiche Wiederholungen solcher Experimente führten dagegen nicht zu einer Bestätigung, sondern zu gegenteiligen Ergebnissen. Das Ausleben beispielsweise von Aggressionen habe also nicht eine Verringerung, sondern eine Steigerung aggressiver Tendenzen zur Folge. Mitte der 1980er-Jahre distanzierte sich mit Feshbach ein Hauptbefürworter von der Katharsisthese (vgl. Feshbach 1989, S. 65–75).

In neueren Studien zur Katharsisthese zeigten Bushman et al. (2001) , dass Probanden, die auf den Katharsisglauben, dem zufolge das Ausleben verdrängter Konflikte zu einer Reduktion dieser Konflikte führt, ausgerichtet wurden oder deren Katharsisglaube bewertet wurde, ein erhöhtes

Aggressionspotenzial im Vergleich zur Kontrollgruppe offenbarten.

Für die Soziale Arbeit sollten diese Ergebnisse aus Studien zur Katharsisthese im Hinblick auf die Bewertung von beispielsweise Programmen für die Begleitung straffällig gewordener Jugendlicher Relevanz zeigen. An dieser Stelle sei beispielhaft das Anti-Aggressivitäts-Training (AAT) genannt (siehe Kap. 4), das explizit das Ausleben innerer Konflikte und verdrängter Emotionen beinhaltet.

2.2 Argumente wider eine Problemorientierung in der Sozialen Arbeit

Lösungsorientierung argumentiert mit alternativen Vorstellungen im Hinblick auf die tradierte Idee, zwischen Problem und Lösung bestehe zwangsläufig ein Zusammenhang. Sie verweist auf Logiken der organisationalen und gesellschaftlichen Konstruktion personaler und sozialer Probleme und wünscht Alternativen zu sozialarbeiterischen Aktivitäten, die eine Problemtrance anregen. Nachfolgend werden einige Hauptargumente gegen eine Problemorientierung in der Sozialen Arbeit skizziert.

Zwischen Problem und Lösung besteht nicht zwangsläufig ein Zusammenhang: Die Zürcher Schule (Staub-Bernasconi und andere) postuliert die Notwendigkeit, dass ein Problem zuerst genau erkundet werden muss, bevor eine Lösung dafür gefunden werden kann. Dabei wird übersehen, dass es, systemisch betrachtet, kaum möglich ist, in so komplexen Feldern wie der Sozialen Arbeit ursächliche Zusammenhänge für Probleme sicher herzuleiten. Demgegenüber ist eine der Kernaussagen des lösungsorientierten Ansatzes, es sei ein großer Irrtum zu vermuten, dass zwischen einem Problem und seiner Lösung ein Zusammenhang bestehe. Im Gegenteil zeige sich, so de Shazer (1989, S. 12),

> »dass der Prozess der Lösung sich von Fall zu Fall stärker ähnelt als die Probleme, denen die Intervention jeweils gilt.«

Stattdessen gehen Vertreter der Lösungsorientierung davon aus, dass Problem und Lösung im Prinzip unabhängig voneinander sind. Zu dieser überraschenden Grundannahme der Lösungsfokussierung finden wir im *Tractatus logico-philosophicus* von Wittgenstein (1989a, 6.4321): »Die Tatsachen gehören alle zur Aufgabe, nicht zur Lösung.« Hier weist Wittgenstein darauf hin, dass Problem (Aufgabe) und Lösung von gänzlich verschiedener Art und nicht voneinander ableitbar sind. Dies bedeutet nicht, dass mithilfe einer Problem- und Ursachenanalyse keine Hinweise auf Lösungen gefunden werden können. Es besagt nur, dass eine Problem- und Ursachenanalyse keine notwendige Bedingung für das Auffinden von Lösungen ist.

Wittgenstein erklärt die Annahme ursächlicher Zusammenhänge in seinem *Blauen Buch* (1970, S. 18):

> »Philosophen haben ständig die naturwissenschaftliche Methode vor Augen und sind in unwiderstehlicher Versuchung, Fragen nach Art der Naturwissenschaften zu stellen und zu beantworten. Diese Tendenz ist die eigentliche Quelle der Metaphysik und führt den Philosophen in vollständiges Dunkel.«

In der Konzeptualisierung lösungsorientierter Sozialer Arbeit ist somit die Einschätzung zentral, dass eine Analyse der Genese sozialer Probleme nicht zwingend erforderlich ist für das »Erfinden, Entdecken und Anwenden von Lösungen« (de Shazer 1992, S. 76).

Problemtrance in mehrere Richtungen

Eine ausführliche und intensive Problemanalyse hat den Effekt, dass genau die bedrückende Hilflosigkeit aktualisiert wird, die personale und soziale Systeme mit der Sozialen Arbeit in Kontakt geführt haben:

> »Ein solches Hineinfragen in das, was nicht funktioniert – was der Klient nicht kann, was ihn unglücklich macht, wo er versagt hat usw. –, ist im Erleben des Klienten nichts anderes als eine Fortsetzung des Nichtfunktionierens«,

so Bamberger (2010, S. 32) für den Bereich der Beratung. Wenn das Bewusstsein auf Defizite fokussiert, gibt der Organismus die entsprechenden Gefühle dazu. Probleme und das Reden über Probleme haben eine »demoralisierende« Wirkung. Und: Auf diese Weise werden die »Problemhypnose« und das durch Klagen gekennzeichnete Verhaltensmuster des Klienten noch verstärkt (vgl. ebd.).

Die Folgen skizziert Klaus Grawe (2004, S. 56) am Beispiel der Psychotherapie:

> »Wenn sich die Therapie zu sehr oder zu lange mit der Feststellung und Analyse von Problemen aufhält, werden keine neuen, positiveren neuronalen Erregungsmuster ausgebildet.«

Was für den Adressaten gilt, trifft in gleicher Weise auf den Sozialarbeiter zu. Denn aufseiten der Fachperson besteht die Gefahr, dass sie sich in das Problem verstrickt; und der Klient, der solche Veränderungen bei seinem Sozialarbeiter sieht und spürt, ist nun endgültig überzeugt, dass seine Lage hoffnungslos ist. »Damit ist ein wechselseitig induzierter Status der Problemhypnose realisiert«, formuliert Bamberger (2010, S. 33) treffend.

Schließlich dauert eine vermeintlich sorgfältige Erfassung und Analyse »aller« Problemkomponenten sehr lange und nimmt sowohl bei der Fachperson wie bei den Klienten viel Energie in Anspruch.

Die für personale Systeme beschriebenen Folgen intensiver Problemanalyse legen es nahe, für soziale Systeme ebenfalls die Wirkungen einer Problemfokussierung näher zu betrachten.

Zur organisationalen und gesellschaftlichen Konstruktion personaler und sozialer Probleme: In der Theoriebildung Sozialer Arbeit wird nicht selten die Auffassung vertreten, dass vor der sozialarbeiterischen Hilfeleistung zunächst eine Problemfeststellung erfolgen müsse. So ist beispielsweise Geiling (2002, S. 85) der Ansicht, dass Soziale Arbeit vor Beginn der Hilfe konkrete Problemattributionen vornehmen muss, die die Verursachung und Entwicklung sozialer Probleme zum Gegenstand haben. Auch nach Auffassung von Fuchs und Schneider (1995, S. 203 ff.) leistet das System sozialer Hilfe eine doppelstufige Transformation: von Soziallagen in soziale Problemlagen und ihre Transformation in Fälle. Soziale Arbeit wird nach Auffassung dieser Autoren also erst tätig, soweit ein Problem festgestellt wurde.

Tatsächlich wird in vielen Handlungsbereichen der Sozialen Arbeit von einer Problemdiagnostik abgesehen. Stattdessen ist die neutrale Tatsache der Entwicklung bzw. eines Entwicklungsbedürfnisses für die Hilfegewährung maßgebend (siehe Abschn. 4.5). Beispielhaft seien an dieser Stelle die Tätigkeiten in Jugendhäusern oder in der Kindertagesbetreuung genannt.

Statt der Entwicklungstatsache jedoch in der Weise gerecht zu werden, dass sie von Beginn des Hilfeprozesses an im Hinblick auf Ressourcen und Ziele angeregt wird, hat Soziale Arbeit traditionell an Problemdefinitionen und -auslegungen mitgewirkt. Spector und Kitsuse (1973, pp. 145 ff.) haben Soziale Arbeit infolgedessen als individuellen und kollektiven Akteur mit bestimmten »Problemkonstruktionsmustern« und entsprechenden Forderungen, identifiziert. Dass Soziale Arbeit soziale Probleme entlang systemimmanenter Logik (ein Gestaltungsauftrag entsteht nur, soweit soziale Probleme festgestellt werden) als gesellschaftliches Funktionssystem mit organisiert, ist einer der großen schwarzen Flecke dieser Disziplin und Profession. Eger (2010) hat im Zusammenhang mit der Hilfeeinleitung in Jugendämtern diesen Prozess der Problemkonstruktion skizziert (s. auch Abschn. 4.4).

Nach vorliegender Auffassung ermöglicht die aktuelle Inklusionsdebatte mit ihrer Forderung nach sogenannten systemischen Hilfen, die von einer Problemdiagnostik als Zugangsvoraussetzung absehen, eine weitere Unterstützung der lösungsorientierten Perspektive. In dem Zusammenhang werden Hilfen beispielsweise in Familien, Schulen und Kindertagesstätten, die das jeweilige soziale System fokussieren, favorisiert.

2.3 Personale und soziale Systeme in Regeltrance

Lösungsorientierte Soziale Arbeit nimmt Bezug auf Personen und verschiedene soziale Systeme, um gelingende Inklusionsprozesse anzuregen. Denn je nachdem, wie gut

> »Personen der Anschluss an Interaktionen, Organisationen bzw. an gesellschaftliche Teilsysteme gelingt, werden ihre Chancen der Teilhabe am Sozialleben und an gesellschaftlichen Gütern verbessert« (Hosemann u. Geiling 2013, S. 25).

Dasselbe kann für gelingende Prozesse der Exklusion konstatiert werden (siehe Abschn. 2.5). So kann beispielsweise die Exklusion eines Jugendlichen aus einer Gruppe gleichaltriger straffällig gewordener Jugendlicher die Teilhabechancen des Jugendlichen in der Gesellschaft begünstigen. Gleichfalls kann davon ausgegangen werden, dass erfolgreiche Prozesse der Inklusion und Exklusion für Interaktionen (beispielsweise in Peergroups) und Organisationen (beispielsweise in Jugendämtern) begünstigen.

Soziale Arbeit nimmt also aus systemtheoretischer Sicht Bezug sowohl auf einzelne Personen als auch auf Interaktionssysteme, Organisationen und gesellschaftliche Teilsysteme (z. B. auf das der Medizin, des Rechtssystems usw.). Lösungsorientierte Soziale Arbeit unterscheidet damit unterschiedliche Systemformen anhand von Luhmanns Theorie sozialer Systeme.

Daneben verweisen die nachfolgenden Ausführungen zu lösungsorientierter Sozialer Arbeit auch auf Unterschiede zur Systemtheorie Luhmanns. Ein zentraler Unterschied liegt darin begründet, dass die Differenz zwischen Problem und Lösung zwar gesehen, die Problemseite jedoch nicht vertieft analysiert wird. Lösungsorientierte Soziale Arbeit verfolgt somit das Ziel, Inklusions- und Exklusionsprozesse anzuregen, ohne sich in eine umfassende Problemanalyse zu begeben. Im Gegenteil prozessiert lösungsorientierte Soziale Arbeit entlang der Überzeugung, dass erfolgreiche Inklusions- und Exklusionsprozesse umso eher erzielt werden können, je mehr auf Ressourcen und Ziele fokussiert wird. Diese Beschäftigung führt bei den Betroffenen zu entsprechenden gedanklichen und auch neuronalen Relationen und begünstigt im weiteren Handeln die Orientierung wiederum an Ressourcen und Zielen. Und auch Interaktionssysteme und Organisationen orientieren sich umso eher an Ressourcen und Zielen, je mehr ihre Kommunikation entsprechend eingeübt ist.

Mit einem weiteren – sowohl situativen als auch kreativen – Merkmal setzt sich lösungsorientierte Soziale Arbeit von deterministischen Zielvorstellungen, wie sie partiell von rationalistischen Handlungstheorien verwandt werden, ab. In diesem Zusammenhang schließt sich lösungsorientierte Soziale Arbeit den Ausführungen von Joas (1996) an, wie er sie in seinem Werk *Kreativität des Handelns* ausgeführt hat. Der rationalistischen Interpretation, wonach Handeln sich als Realisierung vorgefertigter Handlungsziele verstehen lasse, setzt der Pragmatismus demnach die Vorstellung einer reziproken Beziehung zwischen Handlungszielen und Handlungsmitteln entgegen. Handlungsziele, so Joas, Dewey paraphrasierend, seien »meist relativ unbestimmt und werden erst durch die Entscheidung über zu verwendende Mittel spezifiziert« (ebd., S. 227). Das Rationalmodell des Handelns ist demgegenüber dadurch gekennzeichnet, dass die Akteure, abgesehen von der Festlegung ihrer Präferenzen, über keinerlei Entscheidungsfreiräume verfügen. Dieser Determinismus wird jedoch nicht der das Handeln auszeichnenden »Kreativität des Handelns« gerecht. Zwar ist die Interpretation der Handlungssituation durchaus nicht beliebig, sondern vielmehr »vorgeformt in unseren Handlungsfähigkeiten und unseren aktuellen Handlungsdispositionen« (ebd. S. 236). Insofern entsteht die Handlung in der reflexiven »Beziehung auf die in der Situation erlebte Herausforderung« (ebd. 236) und schließt an vorreflexive Strebungen beziehungsweise Maßstäbe an, zu denen Werte und Vorstellungen von einer gelungenen Persönlichkeit oder einer gelungenen Gemeinschaft gehören (ebd., S. 239). Kreativität ist jedoch ein unhintergehbarer Sachverhalt, in dem der experimentelle Umgang mit der Handlungssituation dialogisch verknüpft ist mit den Handlungszielen.

Aus der Perspektive lösungsorientierter Sozialer Arbeit ist, nicht zuletzt in Anbetracht der zunehmenden Bedeutung von Zielorientierung in formellen Verfahren (beispielsweise bei der Planung der Hilfen zur Erziehung), die Frage nach Situationsbezogenheit und Kreativität zentral. Zu prüfen wäre, mit welchen Merkmalen Ziele vorab ausgestattet werden und inwiefern sie im weiteren Prozess eine situationsangemessene und kreative Formung ermöglichen.

Bevor in den Kapiteln 3 und 4 die Funktion Sozialer Arbeit als Anreger eines lösungsorientierten Modus zum Zwecke gelingender Inklusion und Exklusion betrachtet wird, soll nachfolgend ein näheres Verständnis personaler und sozialer Systeme ermöglicht werden, indem sie im Hinblick auf personale und soziale Musterbildung betrachtet werden.

Aus systemischer Perspektive werden Personen im Zusammenwirken biologischer, psychischer und sozialer Systeme betrachtet. Hosemann und Geiling (2013, S. 32) verweisen darauf, dass die Trennung dieser drei Formen neue Möglichkeiten der Zusammenschau eröffnet. Denn Erfahrungen, so die Autoren weiter, zeigen:

> »Der Körper entfaltet ein Eigenleben – die Gefühle und die Gedanken kommen und gehen, und unsere Rede und unser Handeln bringen nicht das Gewünschte zum Ausdruck. Es bestehen keine direkten, linearen, festen Verbindungen zwischen den körperlichen, emotionalen und sozialen Bereichen des Menschen« (ebd. 112).

Der einzelne Mensch zeigt sich stattdessen im Zusammenspiel der biologischen, psychischen und sozialen Systemform. Lösungsorientierte Soziale Arbeit unterscheidet entlang dieser Unterteilung in der einzelnen Person zunächst das gedanklich prozessierende Bewusstsein (psychischem System) von einem organisch operierenden Gehirn (biologischem System). Das Bewusstsein umfasst die unterschiedlichen Funktionen des Wahrnehmens, Denkens, Fühlens und der Aufmerksamkeit. Das Gehirn ist notwendige Umwelt des Bewusstseins.

Vorliegend wird davon ausgegangen, dass Systeme nicht als starre Relationen, sondern als Netze von Operationen beschrieben werden können, die sich zeitlich stabilisieren und produzieren. Entlang lösungsorientierter Unterscheidung ist nun relevant, ob diese Netze problem- oder ressourcen- und zielorientierte Bilder generieren.

Im Hinblick auf psychische und biologische Systeme sind die Ergebnisse aus neurobiologischer Forschung und hypnosystemischer Modellbildung anschlussfähig.

Demnach fügen Personen in ihrem Bewusstsein im Sinne einer Aufmerksamkeitsfokussierung assoziative sinnliche Erlebniselemente zusammen:

> »Verbunden werden z. B. visuelle Elemente (innere/äußere Bilder, Filme), auditive Elemente, innere und äußere Dialoge, kinästhetische, gustatorische und olfaktorische Eindrücke, Alters- und Größenerleben, Atemmuster, Körperkoordination mit Verhalten, Bewertungen und Bedeutungsgebung « (Schmidt 2015, S. 34).

In der lösungsorientierten Sozialen Arbeit werden diese Verbindungen im Anschluss an Schmidts Ausführungen als »Muster« bezeichnet. Erleben ist Ergebnis solcher selbst zusammengefügter Muster. Die Ausführungen von Schmidt finden ihre gehirnphysiologische Entsprechung in dem Konzept der Neuroplastizität von Hebb (1949). Hebbs zunächst theoretische Überlegungen sahen vor, dass die Übertragungsbereitschaft an neuronalen Synapsen zunimmt, je öfter sie gebraucht werden, und drückte dies aus mit dem Satz: »Cells that fire together wire together.«

Die Kopplungen des psychischen Systems und der Gehirnbahnungen ermöglichen es, dass im Sinne eines Priming (= wörtlich »Zündung«), so Schmidt (2015), »eine assoziative Voraktivierung von Teilen des semantischen Wissens durch einen Hinweisreiz = prime« (ebd., S. 40) stattfindet. Infolgedessen wird die Wahrscheinlichkeit des Abrufes eines bestimmten Wortes aus dem semantischen Gedächtnis erhöht, soweit dieses Wort durch einen Hinweisreiz voraktiviert wurde. Die damit verbundenen Aufmerksamkeitsfokussierungen aktivieren physiologische Reaktionen, Haltungen, emotionale Reaktionen und Absichten (vgl. ebd., S. 40 f.). Die beschriebenen Muster entsprechen Regeln, die den Aufbau des personalen Systems als ressourcen- und ziel- oder problemorientiert ermöglichen.

Werden in einem System Wirklichkeitskonstruktionen infolge miteinander verkoppelter Beiträge gestaltet, die sich regelhaft wiederholen, wird die Beschreibung dieser Verkoppelung also »Muster« genannt. Typische »Bausteine« solcher Muster sind, so Schmidt (ebd.),

> »z. B. die Art, wie ein Phänomen beschrieben wird, wie ihm Bedeutung gegeben wird, z. B. durch Erklärungen, Bewertungen, Schlussfolgerungen, welche Lösungsversuche daraus abgeleitet werden und welche Reaktionen darauf wieder gewählt werden, welches Verhalten, welche emotionalen Reaktion usw.«

Die an die Musterbildung sich anschließenden Schlussfolgerungen und Lösungsversuche werden im Bewusstsein häufig als einzig denkbare »Wahrheit« betrachtet. Sie sind aber nur selbst gewählte Beiträge zu Realitätskonstruktionen, die verändert werden können.

Veränderte Musterbildungen im Sinne eines Lernens gründen neurobiologisch nun auf Veränderungen der Neuroplastizität. »Lernen besteht nach verbreiteter Auffassung in der Verstärkung synaptischer Verbindungen zwischen Neuronen« (LeDoux 2001, S. 229). Neuroplastisches Lernen wird, so Mentha (2008), nicht immer entlang real gemachter Erfahrung ausgelöst, obwohl diese Erfahrungen sicher nützlich sind. Auch imaginative Erfahrungen (beispielsweise in problemorientierter Hinsicht Bilder von Verlust und Leid) haben neuroplastischen Impact, denn das Gehirn behandelt Imaginiertes, als ob es sich um reale Erfahrungen handeln würde. Neurobiologen sprechen in diesem Zusammenhang von »Als-ob-Schleifen«. Neuronale Netzwerke sind darüber hinaus multicodiert. Damit ist gemeint, dass die Erregungsmuster, die sie ausmachen, über verschiedene Teilaspekte der gesamten in ihnen repräsentierten Erfahrung aktiviert werden können. Je besser sie gebahnt sind, desto partieller der Teilaspekt der Erfahrung, der nötig ist, damit das gesamte Muster sich aktiviert. Das Phänomen der Multicodierung zeigt sich auch als hierarchische Ordnung (vgl. ebd., S. 8). Im Zusammenhang hierarchischer Ordnungsmuster können übergeordnete Themen (zum Beispiel Vorstellungen von Selbstwirksamkeit) bedeutsam werden, welche »imstande sind, langfristige und umfassende Handlungsabfolgen zu dirigieren« (Storch und Krause 2011, S. 37).

Für das Konzept lösungsorientierter Sozialer Arbeit bedeutsam sind weitere Untersuchungsergebnisse von LeDoux (2001) bezüglich sogenannter Angstnetzwerke. Demnach können neuronale Netzwerke, welche pathologische Angstreaktionen repräsentieren, nicht gelöscht, sondern bloß durch alternative, adaptivere Netzwerke überschrieben werden, welche für die vorgängig angstbesetzten Situationen nützlichere kognitive, emotionale, somatische und verhaltensmäßige Reaktionsweisen bereitstellen (vgl. ebd., S. 258).

Aus lösungsorientierter Perspektive werden Überschreibungen als Ressource und Ziel angeregt. Für Änderungen neuronaler Muster sind, wie bereits ausgeführt, Lernprozesse maßgeblich. Interessant wird damit die Frage, wie das Gehirn »entscheidet«, was es lernen will und was nicht.

Nach aktuellem wissenschaftlichen Stand zeigen Noradrenalin und Dopamin Dispositionen an, die für Lernprozesse günstig sind. Noradrenalin wird produziert und über weite Teile des Gehirns ausgeschüttet, wenn die Person/der Organismus sich mit einer ungewöhnlichen, aber als prinzipiell bewältigbar eingeschätzten Herausforderung konfrontiert sieht, also mit einer als bewältigbar eingeschätzten Stresssituation (vgl. Hüther 2005). Dopamin, welches das über Endorphine vermittelte neuronale Belohnungssystem aktiviert, wird produziert und ausgeschüttet, wenn eine Situation vom Organismus als besser bewertet wird denn erwartet (vgl. Spitzer 2003).

Personen nehmen nicht zuletzt mittels ihres Bewusstseins (des psychischen Systems) an der Kommunikation sozialer Systeme (beispielsweise von Familien oder der Peergroup) teil. Luhmann hat den Begriff »Mensch« mit Blick auf die funktionale Ausdifferenzierung von Gesellschaft in ihre sozialen Systeme gemieden. Er verwies stattdessen auf den Begriff »Person«: »Personen dienen der strukturellen Kopplung von psychischen und sozialen Systemen« (Lambers 2010, S. 92). Personen lassen sich ständig von Kommunikation zu Bewusstseinsaktivitäten anregen und, umgekehrt, von Bewusstseinsaktivitäten zu Kommunikation.

Bewusstsein (psychisches System) und Kommunikation (soziales System) sind also aufeinander angewiesen, bleiben jedoch funktional selbstständig(vgl. Thye 2013, S. 112).

Kommunikation hat als soziales System die Aufgabe, Komplexität durch Selektion zu reduzieren. Die Struktur von Systemen ist nicht stabil, sondern hat ihren Sinn in der Einschränkung der im System zugelassenen Anschlussmöglichkeiten. Strukturen sozialer Systeme sind somit Erwartungsstrukturen, die eine »Vorauswahl« treffen und somit Möglichkeiten einschränken (vgl. Kneer u. Nassehi 1997, S. 95).

Interaktionssysteme sind besondere Kommunikationssysteme und stellen eine Grundvoraussetzung aller sozialen Systeme dar. Ihr Merkmal ist, dass sie an die wechselseitige Wahrnehmung und die körperliche Anwesenheit der Beteiligten gebunden sind. Interaktionssysteme sind keine Gebilde, die außerhalb von Gesellschaft entstehen und von dort aus auf Gesellschaft einwirken. Sie sind vielmehr immer der »Vollzug von Gesellschaft in Gesellschaft« (Luhmann 1998, S. 814). In modernen Gesellschaften ist nach Auffassung von Lambers (2010, S. 136) der Einfluss von Interaktionssystemen auf Gesellschaft als persönliche, individualisierte, sprachliche Kommunikation zurückgegangen.

Im sozialen Bereich weisen diese Merkmale z. B. all diejenigen gewordenen Gruppen auf, die sich als funktionale Einheiten mit Zielen entwickelt haben und sich an darauf abgestimmten Regeln orientieren. Familien – aber auch andere Gruppen, ebenso z. B. Therapeuten-Patienten-Beziehungen – können so als soziale Systeme verstanden werden. Dabei üben alle an einer Interaktion Beteiligten wechselseitig Einfluss aufeinander aus, sie bestimmen auch immer wechselseitig die jeweiligen Bedingungen der anderen im Interaktionsfeld. Nicht nur der individuelle Zustand einzelner Beteiligter ist von Bedeutung, sondern besonders die Beziehungen und Wechselwirkungen zwischen ihnen. Jedes Verhalten jedes Beteiligten ist gleichzeitig Ursache und Wirkung des Verhaltens der anderen Beteiligten (vgl. Schmidt 2015, S. 53).

Auch die Erfahrungen mit den »Priming«-Experimenten weisen, so Schmidt (2015), darauf hin, dass wir uns jeden Tag permanent wechselseitig »hypnotisieren« durch kommunikative Angebote, welche die Bahnung von Assoziationen anregen (»hypnotisieren« i. S. v. wirksamer Fokussierung von Aufmerksamkeit auf allen Sinneskanälen, die unwillkürliches Erleben aktiviert). Die in einem System

Beteiligten wirken also durch ihre jeweiligen Beiträge als permanente »Einladung« zu bestimmten Fokussierungen. Dabei ist kein Beteiligter gezwungen, in einer bestimmten Weise auf die Einladungen der anderen einzugehen, alle sind ja autonom lebende Systeme, wir sind Umwelten füreinander, die wir uns letztlich nicht bestimmt und berechenbar zu etwas zwingen können. Damit das jeweilige System aber funktionieren kann, werden wechselseitig kontinuierlich Feedbacks produziert, die dazu dienen sollen, die Regelungen zu reproduzieren, die von den Beteiligten als hilfreich oder notwendig für den Bestand des Systems angesehen werden (vgl. ebd., S. 56).

Lösungsorientierte Soziale Arbeit geht davon aus, und darin unterscheidet sie sich von den Prämissen lösungsorientierter Beratung sensu de Shazer, dass sich Kommunikation auch in sozial bzw. gesellschaftlich eingeforderter Weise vollzieht. Will man der sozialen Strukturiertheit der Lebenswelt von Klienten gerecht werden, besteht daher die Notwendigkeit, dass professionelle Sozialarbeit methodologisch und methodisch nach Zugängen zur Lebenswelt von Klienten sucht, die sich zwar ebenfalls an Kognition und Sprache anlehnen können, jedoch nicht ignorieren sollten, dass soziale Ordnungen und Beziehungen zwischen Handlungssubjekten kollektiv produzierten Habitualisierungs- und Typisierungsprozessen unterliegen (vgl. Berger u. Luckmann, 1977). Denn, so Kleve (1999, S. 134):

> »Abgesehen von den physikalischen und biologischen Restriktionen, die Kognitionsmöglichkeiten konditionieren, sind Menschen durch ihre Teilnahme (Inklusion) an sozialer Kommunikation in einem solchen Maße sozialisiert, dass sie nur in Relation bestimmter sozialer Kontexte und Kontexturen wählen können, wie sie beobachten, beschreiben, erklären und bewerten.«

Die beobachtbaren Verhaltensweisen beispielsweise in einer Familie sind also in dieser Hinsicht nicht Folge einer besonderen »Ursache«, eines zugrunde liegenden Plans, einer dahinter liegenden bewussten Absicht unbewussten Strebens. Vielmehr hat sich durch das kommunikative Zusammenspiel quasi von selbst ein Muster zu einem Attraktor entwickelt, der die Freiheitsgrade der Kommunikation einschränkt. Besonders gut ist dies in Konflikten erkennbar, aus denen beide Seiten gern aussteigen möchten, es aber keinem gelingt (vgl. Glasl 1994).

Organisationssysteme regeln weitestgehend die Zugänge zu den Ressourcen und Leistungen in unserer Gesellschaft (Kronauer 2010). Die meisten Organisationen bilden sich innerhalb der gesellschaftlichen Funktionssysteme und übernehmen für sie die Aufgabe der Komplexitätsreduktion.

Organisationen verfügen über informelle und insbesondere über formalisierte Vorstellungen davon, wie kommuniziert wird. Diese Vorstellungen regeln die Kommunikation als Erwartungen. Alle neuen Informationen werden zunächst entlang diesen Erwartungen gefiltert. Im Hinblick auf die Unterscheidung problem- bzw. lösungsorientiert können in Organisationen somit Regeln bedeutsam werden, wie sie Schmidt (1992, S. 57) als »organisationale Regeltrancen« bezeichnet hat.

Grundsätzlich ist es möglich, dass lösungsorientierte Lernprozesse einer Person ebenfalls zu Irritationen der Erwartungen des sozialen Systems Organisation führen, die dann mit Strukturänderungen reagieren.

Lösungsorientierte Soziale Arbeit wird nun tätig, indem Organisationen ressourcen- und zielorientierten Irritationen in Anbetracht von Inklusions- und Exklusionsthemen ausgesetzt werden. Ob dann Strukturänderungen im Sinne einer Änderung der Erwartungen, wie in Organisationen kommunziert wird (problem- oder lösungsorientiert), stattfinden, hängt davon ab, ob Erwartungen einem Lernmodus ausgesetzt werden.

Dann können in Organisationen beispielsweise Kommunikationen entstehen, wie sie Berg als »positive Gerüchtebildung« bezeichnet hat (vgl. Sparrer 2007, S. 15).

Im Gegensatz zu anderen sozialen Systemen geschieht Komplexitätsverarbeitung in Organisationen als Vorzeichen von Formalisierung. In deren Folge unterscheiden sich Organisationen von anderen Sozialsystemen in der Hinsicht, dass sie den Versuch darstellen, Kommunikation langfristig sicherzustellen (vgl. Luhmann 1975, S. 170 ff.). Auf Kommunikation erstreckt sich Formalisierung zweifach: Zum einen wird sie in Organisationen wie eine Entscheidung behandelt und erhält formale Eindeutigkeit. Kommunikation wird auf diese Weise verbindlich (vgl. Luhmann 1988, 165 f.). Zum anderen wird Kommunikation asymmetrisiert. Ihre im Sinnhorizont eines Systems noch große Eigenkomplexität wird eingeschränkt, indem sie an Bezugspunkte geknüpft wird.

Ein Beispiel für Formalisierung in Organisationen ist die Etablierung von Handbüchern, Konzeptionen und Leitbildern, die sowohl im Hinblick auf Orientierungen Entscheidungen treffen als auch asymmetrisierende, komplexitätsreduzierende Funktionen aufweisen. In diesem Zusammenhang sind in lösungsorientierter Perspektive beispielsweise Konzeptionen daraufhin zu prüfen, ob Sie ressourcen- und zielorientierte oder problemorientierte Merkmale aufweisen.

Gesellschaftliche Funktionssysteme

Gesellschaftliche Funktionssysteme (zum Beispiel Medizin, Recht, Soziale Arbeit) zeichnen sich dadurch aus, dass jeweils nur sie (exklusiv) die alleinige Erfüllung einer bestimmten Funktion für die Gesellschaft ausüben und die Organisationen, die sich dazurechnen, entsprechende Leistungen erbringen. Gesellschaftliche Funktionssysteme schließen alle Kommunikationen von Gesellschaft ein. Funktionssysteme kann man nicht unmittelbar erreichen, da sie aus der Gesamtheit aller Kommunikationen (insbesondere entlang von Organisationen) bezüglich einer gesellschaftlichen Funktion bestehen (vgl. Hosemann u. Geiling 2013, 58).

Von der Kommunikation eines Themas fühlen sich immer einzelne Teilsysteme der Gesellschaft betroffen, niemals die ganze Gesellschaft. Die Gesellschaft selbst kann nicht als Ganzheit handeln. Es gibt keine Zentralinstanz, kein Steuerungszentrum, keine Zentralagentur, die hierfür zuständig wäre (vgl. Lambers 2010, S. 134).

Im Hinblick auf Soziale Arbeit stellt sich erstens die Frage, *ob* von ihr Aufgaben der Gesellschaft speziell bearbeitet werden, die nur von diesem System bearbeitet werden können. Zweitens stellt sich die Frage, *inwiefern* von Sozialer Arbeit in lösungsorientierter Perspektive gesellschaftliche Aufgaben bearbeitet werden.

Es stellt sich somit auch die Frage, ob beispielsweise der Code Helfen/Nichthelfen zu einer eigenständigen Schließung Sozialer Arbeit gegenüber anderen Funktionssystemen (beispielsweise dem des Rechts) führt. Weiterhin stellt sich die Frage, ob über die in der Sozialen Arbeit bestehenden Programme, beispielsweise die der Hilfen zur Erziehung, in exklusiver Eigenständigkeit entschieden wird. Und drittens stellt sich im Zusammenhang des Kommunikationsmediums die Frage, ob beispielsweise »Hilfe« als generalisierbar gedacht oder an eine Aushandlung gebunden ist.

2.4 Entwicklung als Perspektive

Hervorragende Bedeutung im Hinblick auf die Ausweisung Sozialer Arbeit als eigenständiger Disziplin nimmt die Gegenstandsbestimmung ein. Wie bereits in Abschnitt 2.1 ausgeführt, gibt es gute Gründe, von sozialen Problemen als Gegenstand Sozialer Arbeit abzusehen und stattdessen auf einen Gegenstand zu fokussieren, mit dem Soziale Arbeit ihren Problemsektor verlässt. Zu Recht betonen Scheu und Autrata (2011), dass das Augenmerk auf sozialen Probleme die Handlungs- und Gestaltungsmöglichkeiten der Klientel der Sozialen Arbeit außer Acht lässt und die Dimension des Sozialen auf Problembezüge reduziert.

Lösungsorientierte Soziale Arbeit plädiert dafür, mit einer Zentralstellung des *Entwicklungsbegriffs* bereits in der Gegenstandsbestimmung die Option für eine »Ressourcen- und Zielorientierung von Anfang an« zu eröffnen.

Die sozialpädagogische Traditionslinie hat *Entwicklung* bereits mit ihrem Vertreter Bernfeld (2000, S. 54) als Gegenstand der Disziplin verortet: »Die Erziehung ist danach die Summe der Reaktionen einer Gesellschaft auf die Entwicklungstatsache.« Mit dem Begriff »Entwicklungstatsache« umschreibt Bernfeld, dass der Mensch nicht sofort ein fertiges Mitglied der Gesellschaft ist, sondern dies erst in einem langen Lernprozess werden muss. Sein Vorschlag fokussiert somit einen Ausschnitt Sozialer Arbeit im Hinblick auf eine Entwicklungsphase personaler Systeme.

Im vorliegenden Kontext wird Entwicklung entlang der Theorie dynamischer Systeme verortet, mit der ursprünglich die Mathematik komplexe nicht lineare Systeme beschreibt. Die dynamische Systemtheorie grenzt sich von der statischen dadurch ab, dass sie nicht nur den Zustand eines Systems zu beschreiben und zu analysieren versucht, sondern sich primär für das Verhalten des Systems am Übergang zwischen zwei Zuständen interessiert (vgl. Bischof 1998).

In ihrer allgemeinsten Form zur Beschreibung von aus Elementen aufgebauten Systemen und ihren Zustandsänderungen wird die dynamische Systemtheorie inzwischen auch auf personale (Wilkening u. Cacchione 2007) und soziale Systeme (Strunk 2000) angewendet. Maßgeblich ist hier die Feststellung, dass dynamische Systeme entlang einer konstruktivistischen Vorstellung selbst Ordnungsmuster ausbilden und verändern. Die sich entwickelnden personalen und sozialen Systeme stellen mit ihren Eigenschaften spezifische Ordnungsmuster dar, die sich im Sinne der Selbstorganisation aus der spontanen Interaktion aller beteiligten systeminternen und -externen Komponenten ergeben. Die Eigenschaften zeigen sich erstens aus der Beziehung der Komponenten untereinander und zweitens im Sinne selbsttätiger Herstellung. Als Entwicklungstatsache schließen sich Eigenschaften letztlich zu bestimmten Zeitpunkten als emergente Muster zusammen.

Lösungsorientierte Soziale Arbeit ist nun (um den Gedanken Bernfelds abzuwandeln) die Summe der Reaktionen der Gesellschaft auf die Tatsache der Entwicklung dynamischer personaler und sozialer Systeme. Sie hat die Funktion, die Entwicklung personaler und sozialer Systeme ressourcen- und zielorientiert anzuregen.

Im Anschluss an Überlegungen von Lambers kann an dieser Stelle auch auf das integrative Potenzial des Entwicklungsbegriffs für die Soziale Arbeit hingewiesen werden. Lambers (2013) verweist auf vier soziale Tatbestände, wie sie für die Soziale Arbeit ihre Relevanz einnehmen: Erziehung und Bildung, soziale Probleme und Lebensführung, Partizipation und soziale Gerechtigkeit, Alltags- und Lebensbewältigung. Eine theoretische Zusammenführung dieser sozialen Tatbestände könne für die Soziale Arbeit eine integrative Wirkung entfachen (ebd., S. 329). Vorliegend soll die Entwicklung personaler und sozialer Systeme als übergreifender Begriff für die von Lambers benannten sozialen Tatbestände verwandt werden. Als zentrale Entwicklungsaufgabe, die gleichsam quer zu den von Lambers benannten sozialen Tatbeständen zu verorten ist, lassen sich die Themen »Inklusion« und »Exklusion« bezeichnen.

2.5 Zentrale Entwicklungsaufgaben personaler und sozialer Systeme: Inklusion/Exklusion

Die Beschreibung Sozialer Arbeit in der modernen Gesellschaft als Funktionssystem erfordert nicht zuletzt die Bezeichnung einer besonderen Leistung.

Mit Inklusion/Exklusion wird eine zentrale Entwicklungsaufgabe personaler und sozialer Systeme und damit ein zentrales Thema für lösungsorientierte Soziale Arbeit benannt. Die Herausforderung Inklusion/Exklusion verweist lösungsorientierte Soziale Arbeit auf die Funktion, die sie für andere gesellschaftliche Funktionssysteme erfüllt. Beide Formen, Inklusion und Exklusion, können, so Hosemann und Geiling (2013, S. 123), »sozial positiv oder negativ sein, wünschenswert oder schrecklich«.

Die Unterscheidung Inklusion/Exklusion beschreibt zunächst ganz allgemein, wie in der funktional differenzierten Gesellschaft Menschen als Personen an den Leistungskreisläufen der Funktionssysteme mittels symbolisch generalisierter Kommunikationsmedien (z. B. Geld, Macht, Liebe, Recht, Glaube etc.) teilnehmen können (vgl. u. a. Luhmann 1991).

Der Inklusionsbegriff umfasst ein Bündel von Verhaltenserwartungen, mit dem die Person, nicht das ganze Individuum (vgl. ebd.) jeweils funktionssystemspezifisch relevant wird. Der Begriff ist deutlich von dem der Integration abzugrenzen. Denn soziale Integration verweist auf die Zugehörigkeit zu sozialen Gruppen, kurz: auf die »Lebenswelt« – und über normative, solidarische Verbundenheiten sowie kollektive Identitäten auf soziale Beziehungen (vgl. Peters 1993, S. 41). Demgegenüber beschreibt Inklusion, so Kleve (1999), lediglich eine funktionale System-Umwelt-Beziehung von Menschen zur Gesellschaft. Sie dürfen, um ihre Inklusionsfähigkeit nicht zu gefährden, »niemals so (fest) integriert sein, dass ihnen die Freiheit für wechselnde Inklusionen verloren geht« (ebd., S. 160).

Nachfolgend wird Soziale Arbeit sensu Kleve (ebd., S. 157) zwar als funktional ausdifferenziertes (sekundäres) Funktionssystem der Gesellschaft beschrieben, jedoch nicht als Funktionssystem, das personell attribuierbare Folgeprobleme funktionaler Differenzierung aufgreift, sondern als System, das Inklusion/Exklusion zunächst als neutrale Begebenheit beschreibt und ebenso die damit verbundenen Anpassungsversuche von personalen und sozialen Systemen. Lösungsorientierte Soziale Arbeit regt insofern in Anbetracht der Entwicklungsanforderungen Inklusion/Exklusion ressourcen- und zielorientiert an und arbeitet mit alltäglichen Folgetatsachen der Moderne.

Inklusionsanforderungen nicht nur personell (vgl. Bommes u. Scherr 1996, S. 110 ff.), sondern auch im Hinblick auf soziale Systeme zu moderieren ist die notwendige Voraussetzung für wechselnde Inklusionen in die gesellschaftlichen Funktionssysteme, die, so Kleve (1999, S. 161) prinzipiell keinen mehr ausschließen, aber auch niemanden mehr bedingungslos inkludieren.

Inklusion verweist dabei nicht ausschließlich auf eine Entwicklungsaufgabe personaler, sondern ebenso sozialer Systeme. Denn neben ihren genuinen Funktionen haben gesellschaftliche Funktionssysteme ebenso sekundäre Funktionen zu erfüllen, die Gesellschaft ihnen auferlegt.

Soziale Systeme beteiligen Personen an Kommunikation bzw. schließen sie davon aus. Sie weisen ihnen Bedeutung bzw. Rollen oder Positionen zu (vgl. Hohm 2000). Das Inklusions-/Exklusionskonzept erfasst somit nicht nur die Relevanz von Personen für soziale Systeme. Es ist ebenso ein Indiz dafür, wie weit gesellschaftliche Funktionssysteme in der Lage sind, über ihre genuine Funktion hinaus gesellschaftlichen Erwartungen zu entsprechen.

Ebenso sind Inklusion/Exklusion selbstverständlich personell relevante Themen. Denn das Individuum ist nur noch im Hinblick auf einzelne Verhaltenserwartungen (als Person) für die unterschiedlichen Funktionssysteme der Gesellschaft relevant, nicht mehr im Hinblick auf die gänzliche Individualität. Und somit wird gesellschaftliche Inklusion zur individuellen Herausforderung personaler Systeme, da gesellschaftliche Funktionssysteme jeweils unterschiedliche Inklusionserwartungen an Personen richten. Das Individuum kann nicht mehr als Ganzes (z. B. mit all seinen Wünschen, Hoffnungen, Fähigkeiten), sondern nur noch mit denjenigen Kommunikationseigenschaften inkludiert werden, die von den gesellschaftlichen Teilsystemen erwartet werden (vgl. Lambers 2010, S. 117).

Aus systemtheoretischer Sicht wird die Aufgabe personaler Inklusion in modernen Gesellschaften mit dem Begriff »Exklusionsindividualität« beschrieben. Damit wird bezeichnet, dass die moderne Gesellschaft Strukturen ausgebildet hat, die die Individualität des Menschen potenziell exkludiert, da sie nur noch Ausschnitte (bestimmte Verhaltenserwartungen) inkludiert. Somit wird personale Inklusion/Exklusion zu einem Thema in der Gesellschaft, das jede Person herausfordert.

Der Einzelne wird somit

> »im andauernden Wechsel zwischen verschiedenartigen, zum Teil unvereinbaren Verhaltenslogiken gezwungen, sich auf die eigenen Beine zu stellen und das, was zu zerspringen droht, selbst in die Hand zu nehmen: das eigene Leben« (Beck u. Ziegler 1997, S. 10).

Dabei, so Beck und Ziegler (ebd., S. 10) weiter,

> »ist die moderne Gesellschaft darauf angewiesen, dass Individuen gerade nicht integriert werden, sondern nur teil- und zeitweise als permanente Wanderer zwischen den Funktionssystemen an diesen teilnehmen.«

Die damit einhergehende Möglichkeit, so Kleve (1999, S. 161), sich den jeweiligen und sehr unterschiedlichen wirtschaftlichen, familiären, politischen, pädagogischen etc. Inklusionsanforderungen anzupassen, ist die notwendige Voraussetzung für wechselnde Inklusionen in die gesellschaftlichen Funktionssysteme, die prinzipiell niemanden mehr ausschließen, aber auch nicht bedingungslos jeden inkludieren.

Daraus folgt, dass das Individuum sich bestimmten physischen und psychischen (personellen) Selbstdisziplinierungen bzw. -konditionierungen unterziehen muss, um als erwartungsstabile Person für die Funktionssysteme relevant werden zu können (vgl. Bommes u. Scherr 1996, S. 112; Kleve 1999, S. 161).

Welche Funktion nimmt nun lösungsorientierte Soziale Arbeit in Anbetracht dieser Anforderungen ein? Die ressourcen- und zielorientierte Anregung personaler und sozialer Systeme umfasst insbesondere die Begleitung bei der Erfüllung von Entwicklungsanforderungen angesichts der Themen »Inklusion/Exklusion«. Betont werden soll an dieser Stelle noch einmal, dass sich weder die Tatsache der Inklusion noch diejenige der Exklusion per se als positiv oder negativ anbietet. Lösungsorientierte Soziale Arbeit deutet die Inklusions-bzw. Exklusionstatsache als Aufgabe und fokussiert auf Ressourcen und Ziele. Die formulierten Ziele beziehen sich dabei erstens auf die Person und zweitens auf deren Kontextbedingungen. Lösungsorientierte Soziale Arbeit regt also Merkmale personaler und sozialer Systeme an, die, je nach Anforderung, Inklusions- bzw. Exklusionsprozesse begünstigen.

Damit bietet lösungsorientierte Soziale Arbeit im Zusammenhang der Themen um Inklusion und Exklusion ihre genuine Leistung für andere gesellschaftliche Funktionsbereiche, beispielsweise den der Politik, der Wirtschaft, der Erziehung oder des Rechts, an. Im Gegensatz zu den genannten Funktionsbereichen ist lösungsorientierte Soziale Arbeit in der Lage, die Anforderungen im Zusammenhang von Inklusion und Exklusion *gerade nicht als Problem zu deuten*, sondern auf Ressourcen und Ziele zu rekurrieren und personale und soziale Systeme im Entwicklungszusammenhang zu fokussieren.

Das vorliegende Konzept grenzt sich somit ab von dem von Hillebrandt im Nachgang zu Luhmann geprägten Begriff der Exklusionsindividualität und der Vorstellung infolge funktionaler Differenzierung erzeugter humaner »Folgeprobleme« (Hillebrandt 1999, S. 276) als Gegenstand menschensorgender Hilfesysteme.

3 Lösungsorientierte Soziale Arbeit als Anreger des Lösungsmodus

3.1 *Lösungsorientierte Soziale Arbeit und die Überzeugung, Aufgaben eher mit dem Blick auf Ressourcen und Ziele als auf Probleme bewältigen zu können*

Professionelle Soziale Arbeit hat eine auf personale und soziale Systeme bezogene Funktion. Zentral wird mit lösungsorientierter Sozialer Arbeit die Funktion gewährleistet, mit personalen und sozialen Systemen (mit einer Gruppe, einer Organisation, der Gesellschaft) eine lösungsorientierte Haltung zu erzeugen, um Ressourcen und Ziele zu erschließen und damit Herausforderungen in der Entwicklung meistern zu können.

Als wissenschaftsbasierte Profession hat Soziale Arbeit die Aufgabe, ihr Wissen über Ressourcen, Ziele und lösungsorientierte Haltungen für öffentliche Entscheidungsträger zugänglich zu machen und damit als Teil sozialpolitischer Entscheidungsprozesse tätig zu werden. Lösungsorientierte Soziale Arbeit hat somit mehr zu leisten als de Shazers Beratungsansatz: Lösungsorientierte Soziale Arbeit hat über eine Bild-Code-Veränderung (Konstruktion ressourcen- und zielorientierter Bilder mittels Sprache) im personalen Rahmen hinaus eine Verbesserung tatsächlicher Lebensverhältnisse zu fördern. Das Konzept lösungsorientierter Sozialer Arbeit unterstützt die Neupositionierung Sozialer Arbeit insofern, als es nach Hosemann (2012, S. 45)

> »nicht nur um eine Frage der Ressourcenverteilung geht, sondern tief greifender um den Versuch der Beeinflussung des Verhältnisses von Individuum-Staat-Gesellschaft mit der Ten-

denz, neue Formen der Regulierung des sozialen Verhaltens und der sozialen Verantwortung zu erreichen.«

Soziale Arbeit bietet eine autonome Ebene, auf der sich Sozialarbeiter und Klienten als Teilnehmer demokratischer Prozesse und sozialräumlicher Strukturen begegnen und Handlungsoptionen realisieren können. Insofern unterstützt lösungsorientierte Soziale Arbeit das zivilgesellschaftliche Projekt.

3.2 Soziale Arbeit entwirft Lösungen mit

Bereits Limbacher und Willig (1998, S. 131) vertraten die Ansicht, dass sich das Interesse der Systemtheorie auf die Frage verlagert hat, wie Mitglieder sozialer Systeme Wirklichkeit konstruieren bzw. rekonstruieren und wie problemerzeugende und problemstabilisierende Wirklichkeitskonstruktionen in lösungsfördernde überführt werden können. Konstruktivistische Positionen werden im Kontext der systemischen Sozialen Arbeit in den vergangenen Jahren unter Bezugnahme auf das Konzept der Autopoiesis gestützt, das seit Anfang der 1970er-Jahre von Maturana und Varela (vgl. 1987) entwickelt wurde. Dem radikalen Konstruktivismus entsprechend, wird die Annahme vertreten, dass Wirklichkeit in der Wahrnehmung »erschaffen« wird und dass Bilder der Wirklichkeit Erzeugnisse unseres Gehirns sind, die über eine wahre Wirklichkeit außerhalb unserer selbst nichts auszusagen vermögen. Daraus folgt, dass wir über die Welt nichts wissen können, außer dass bestimmte unserer Handlungen für uns nützlich sind und sich in der Welt bewähren. *Wirklichkeitskonstruktion* ist der zentrale Begriff, in dem sich sowohl die Subjektivität der Wahrnehmung als auch die Relativierung bewusstseinsunabhängiger Realität ausdrückt (vgl. Hollstein-Brinkmann 2000, S. 50 f.; siehe auch Kraus 2013).

Wahrnehmung ist insofern subjektiv-aktive Informationsherstellung. Schmidt (2000, S. 241 ff.) ersetzt deshalb den Begriff der Wahrnehmung durch den der Wahrgebung. Infolge dieser »Wahrgebung« werden von unterschiedlichen Systemen Unterschiede konstruiert, die dann unter spezifischen Konstellationen zu Konfrontationen führen, welche letztlich Konfrontationen unterschiedlicher Realitätskonstruktionen sind. Jeder sieht dieselbe Sache doch wieder anders, und jeder beharrt auf seinen Realitätsannahmen, als ob sein Bild von der Welt die wirkliche Wirklichkeit repräsentieren würde. Grundlegend für die konflikthafte Eskalation, die daraus entstehen kann, ist: Wir merken nicht, dass wir Subjektives konstruieren, sondern denken, dass wir Objektives wahrnehmen (vgl. Bamberger 2010, S. 21).

De Shazer (2009, S. 74) erachtet infolge solch unterschiedlicher Wirklichkeitskonstruktionen Sprache als zentrales Instrument dafür, von einem Problem- in ein Lösungserleben zu gelangen:

> »Mit dem Klienten darüber zu sprechen, was das Problem/die Beschwerde nicht ist, z. B. ›Nichtdepression‹, ist eine Möglichkeit, Missverständnisse kreativ zu nutzen. Der Fokus ›Nichtdepression‹ erlaubt es der Therapeutin und dem Klienten, auf Basis der Erfahrungen des Klienten außerhalb des Problembereichs gemeinsam eine Lösung zu konstruieren oder wenigstens damit anzufangen.«

Die Grundlagen der lösungsorientierten Sozialen Arbeit stellen insofern die Grundlagen der Grammatik der lösungsorientierten Sprache dar. In der sozialarbeiterischen Interaktion als Kommunikation werden entlang dieser Grammatik Lösungen konstruiert. Gleichzeitig sollte der Sozialarbeiter in der Lage sein, die damit entstehende Sinngebung im Hinblick auf ihre temporäre Relevanz einzustufen, denn:

> »Man soll diese Nötigung, Begriffe [...] zu bilden [...], nicht so verstehen, als ob wir damit die wahre Welt zu fixieren imstande wären; sondern als Nötigung, uns eine Welt zurechtzumachen, bei der unsere Existenz ermöglicht wird [...]. Die Welt erscheint uns logisch, weil wir sie erst logisiert haben« (Nietzsche 1968, S. 282, zit. nach de Shazer 2009, S. 73).

Die Tatsache temporärer Sinnbildung wurde von Ludewig (2000, S. 37) für systemische Beratung folgendermaßen ausgedrückt:

> »Was uns bliebe, wäre die Gewissheit, dass wir es zu jeder Zeit mit sich wandelndem Wissen zu tun haben: Man weiß, dass man nichts weiß, und doch muss man handeln. Da dies aber nicht leicht auszuhalten ist, benötigen wir, um uns in der Welt zurechtzufinden, ein Mindestmaß an anschlussfähigen Selbstverständlichkeiten, also Wissen.«

3.3 Soziale Arbeit lässt sich an ihrer Wirksamkeit messen

Schönig (2012) hat zu einer Auseinandersetzung mit der luhmannschen Systemtheorie angemerkt, sie biete keine ausreichende Grundlage dafür, die Zielrichtung einer sozialarbeiterischen Intervention zu begründen und zu legitimieren. Er verwies gleichzeitig auf Möglichkeiten, diese Lücke mit Rückgriff auf den deweyschen Pragmatismus zu füllen.

Nach vorliegendem Verständnis impliziert Lösungsorientierung einige Bezugspunkte hinsichtlich pragmatistischer sowie utilitaristischer Argumentationslinien.

Für den lösungsorientierten Ansatz der Beratung betonte de Shazer (2009), dieser Ansatz sei nicht aus einer Metatheorie, sondern aus der alltäglichen beraterischen Praxis entstanden. In experimenteller Weise habe er beraterische Anteile beibehalten bzw. ausgesondert, je nach ihrem Erfolg in der Anwendung.

Entlang dieser Vorgehensweise stimmt de Shazer mit der pragmatistisch-utilitaristischen Tradition überein. Aus pragmatistischer Perspektive ist Wahrheit eine Gegebenheit oder ein Geschehen, bei der bzw. dem sich Vorstellungen in der Praxis bewähren (vgl. Kitcher 2013). Dem *Pragmatismus* zufolge sind es die praktischen Konsequenzen und Wirkungen einer lebensweltlichen Handlung oder eines natürlichen Ereignisses, die über die Bedeutung eines Gedankens entscheiden. Entsprechend schlugen die Vertreter des Pragmatismus als Methode der Wissensvermehrung vor, nur noch das als Wissen zu akzeptieren, was anhand von Experimenten intersubjektiv nachprüfbar ist bzw. nachgeprüft wurde. In seiner Theorie der Bedeutung war der Pragmatismus dann auch darauf gerichtet, Vorstellungen aller Art im Hinblick auf ihre möglichen praktischen Wirkungen zu beurteilen.

Im Anschluss an die konstruktivistische Erkenntnis, dass wir über die Welt nichts wissen können, außer dass bestimmte unserer Handlungen für uns nützlich sind und sich in der Welt bewähren, setzte de Shazer (2009) zentral neben das Primat der Praxis die Idee der Nützlichkeit. Er gestaltete das Konzept lösungsorientierter Beratung entlang von Nützlichkeitserwägungen und betrachtete die Tatsache postmoderner, pluraler Sinngebung und daraus entstehender Missverständnisse als eine der Aufforderungen an den Berater, statt einer Problemanalyse die Konstruktion von Lösungsbildern zu präferieren (vgl. ebd., S. 74):

> »Im Endeffekt erscheint es nützlicher, die Situation so hinzunehmen, wie sie ist, und unsere gesammelten Missverständnisse dazu zu benutzen, dem Klienten bei der Konstruktion einer Lösung zu helfen.«

Bentham (1789, zit. in Höffe 2013, S. 55 f.) beschreibt den für den *Utilitarismus* zentralen Gedanken:

> »Mit dem Prinzip des Nutzens ist jenes Prinzip gemeint, das jede beliebige Handlung gutheißt oder missbilligt entsprechend ihrer Tendenz, das Glück derjenigen Gruppe zu vermehren oder zu vermindern, um deren Interessen es geht. [...] Mit Nutzen ist diejenige Eigenschaft an einem Objekt gemeint, wodurch es dazu neigt, Wohlergehen, Vorteil, Freude, Gutes oder Glück zu schaffen.«

Auch im konstruktivistischen Sinne bewähren sich Wirklichkeitskonstruktionen am weiteren Erleben (oder auch nicht). Dies führt dazu, dass das Individuum primär solche Konstruktionen als wahr erachtet, die für sein Wohlbefinden und seine Existenz im Zusammenleben mit anderen nützlich sind. Diese Abhängigkeit von den Sichtweisen und Verhaltensreaktionen der anderen begründet eine in vieler Hinsicht gemeinsame Welt der »Nützlichkeit«. Nur auf diese Weise ist Überleben möglich. Entlang dieser *Nützlichkeitsorientierung* existieren »Konsensrealitäten«, in denen viele Menschen an einer zumindest ähnlichen Sicht der Dinge teilhaben und dadurch erfolgreich kommunizieren und interagieren können. Daran schließt sich eine gesellschaftliche Vermitteltheit an, infolge deren der Mensch durch Sinnstrukturen angeregt wird, die nicht nur von Individuen, sondern ebenfalls von sozialen Systemen, z. B. der Gesellschaft, erzeugt werden (vgl. Schütz u. Luckmann 1979). Lösungsorientierte Soziale Arbeit berücksichtigt Kommunikation entlang ebensolcher sozialen (z. B. gesellschaftlichen) Orientierungen. Es besteht daher die Notwendigkeit, dass professionelle Sozialarbeit methodologisch und methodisch nach Zugängen zur sozialen Realität sucht.

Personale und soziale Systeme können also wiederum von personalen und sozialen Systemen sinnhaft angeregt werden, wobei das jeweilige System nach dem Prinzip der Nützlichkeit entscheidet, ob es das jeweilige Sinnangebot annimmt oder verwirft.

Und wenn es infolge unterschiedlicher Sinnkonstruktionen nicht *die* Wahrheit gibt, mit der das sozialarbeiterische Vorgehen als wahr konzipiert werden kann, dann sollte man sich als Sozialarbeiter darauf beschränken, diskursiv mit Adressaten Nützlichkeit zu beschreiben, und zwar in dem Sinne, dass damit hilfreiche Sozialarbeit möglich wird.

3.4 Handlungstheorie und lösungsorientierte Soziale Arbeit

Soziale Arbeit wird vor allem und in den vergangen Jahrzehnten zunehmend als Beruf ausgeübt. Insofern benötigen Sozialarbeiter und Sozialarbeiterinnen ein theoretisches Modell für ihr Handeln, das mit einem instrumentalen Verständnis vorgetragen wird.

Herwig-Lempp (2003, S. 12) schlägt vor, Theorien als Werkzeuge bzw. Instrumente zu betrachten, mit denen wir uns (unsere) Wirklichkeit beschreiben und erklären, und als Grundlage für unsere Entscheidungen darüber, wie wir handeln wollen. Er formuliert:

> »Ein großes Problem dieser großen und komplexen theoretischen Konzepte sehe ich darin, dass diese Theorien keinen wirklichen Diskurs mit der Praxis finden, dass sie von der Praxis nicht aufgegriffen und diskutiert werden, dass man ihnen dort eher ablehnend gegenübersteht und konstatiert, dass sie ›unbrauchbar‹ sind für den Alltag von SozialarbeiterInnen. Diese Werkzeuge sind dort nicht zu gebrauchen.«

Herwig-Lempp kann zwar entgegengehalten werden, dass gerade die zunehmende Relevanz systemischer Handlungskonzepte in Sozialer Arbeit einen Gegenbeweis zu seinen Ausführungen anbietet; gleichzeitig wird vorliegend zugestimmt, dass Theorieentwicklung in der Sozialen Arbeit den Diskurs mit der Praxis benötigt.

Dieser Band hier nimmt die Tatsache auf, dass lösungsorientiertes Handeln in der Praxis der Sozialen Arbeit bereits an vielen Orten zum Anspruch erhoben wird. Insofern liegt die Entwicklung einer Handlungstheorie lösungsorientierter Sozialer Arbeit nahe. Einer Handlungstheorie, die sich an dem Nutzen für die Praxis Sozialer Arbeit messen lässt.

»Sinn« ist dabei die zentrale Kategorie, die die Perspektiven des Beobachters und des Handelnden in der Sozialen Arbeit verknüpft und somit Intentionen über Sinndeutungen rekonstruierbar macht (vgl. Engelke 2004, S. 406). Lösungsorientierte Soziale Arbeit steht also vor der Aufgabe, unterschiedliche Ansätze zur Erfassung und Beschreibung von Handlungen zu integrieren, Handlungsbegriffe zu analysieren und Handeln zu beschreiben sowie eine interdisziplinäre Handlungstheorie zu entwickeln. Handlungstheorie entsteht somit infolge der Formulierung von Regeln und ihrer begründeten Nutzung im Rahmen der Anwendung einer Methode professionellen Handelns.

Im Unterschied zu Basistheorien (beispielsweise der Systemtheorie, Sprachtheorie usw.) sind in Handlungstheorien nach vorliegendem Verständnis mindestens drei Formen der (theoretischen) Integration von Bedeutung: eine im Bereich von Basistheorien (1), eine zweite im Bereich der Theorie des methodischen Handelns (2) und eine dritte im Bereich der Methoden (3).

Die Integration der Basistheorien (1) ermöglicht eine Akzentuierung, welche grundlegenden Beschreibungen der Struktur der Dinge und ihrer Verknüpfung in der Sozialen Arbeit angemessen sind. Für die lösungsorientierte Soziale Arbeit stehen hier Anteile der Systemtheorie, der Sprachtheorie, des Pragmatismus und des Utilitarismus zur Anwendung.

Die für Handlungstheorien spezifische Form der Integration geht nun über die Integration von Basistheorien hinaus, indem alle im Rahmen von methodischen Handlungen bedeutsamen Wissensformen wie Beschreibungen, Ziele und Interventionsregeln in einen handlungstheoretischen Zusammenhang gebracht werden. Dies geschieht in Form einer zu entwickelnden allgemeinen Handlungstheorie (2). Mittels dieser Handlungstheorie werden die im Rahmen professionellen Handelns erforderlichen Operationen identifiziert und logische Beziehungen zwischen den an ihnen beteiligten Wissensformen geklärt. Im Rahmen der Fallbearbeitung ermöglicht eine solche allgemeine Handlungstheorie auf der Grundlage systematisch beschriebener und erklärter sozialarbeiterischer Situationen eine begründete Auswahl und Anwendung von einzelnen Methoden (3) (vgl. Obrecht 2003).

Nach vorliegendem Verständnis weist eine Handlungstheorie lösungsorientierter Sozialer Arbeit über einen Ansatz Sozialer Arbeit insofern hinaus, als sie (die Handlungstheorie) entsprechend der oben genannten Schrittfolge insbesondere eine Verknüpfung von Basistheorie mit einer zu entwickelnden allgemeinen Handlungstheorie leistet.

Zentral für eine Handlungstheorie lösungsorientierter Sozialer Arbeit ist die Reflexion von Handlungskompetenz im Sinne einer Fähigkeit,

> »in unterschiedlich komplexen Situationen angemessene Handlungsstrategien, Kommunikationsmuster und Handlungslegitimationen zu entwickeln und einzusetzen« (Engelke 2004, S. 407).

3.5 Gerechtigkeit und lösungsorientierte Soziale Arbeit

Die ziel- und ressourcenorientierte Anregung personaler und sozialer Systeme entlang ihrer Entwicklungsaufgabe »Inklusion/Exklusion« wird als Funktion lösungsorientierter Sozialer Arbeit ausgewiesen. Lösungsorientierung in der Sozialen Arbeit ist somit ein methodisches Handlungsgeschehen, das sich auf die Gestaltung personaler *und* sozialer Relationen bezieht. Es liegt auf der Hand, dass lösungsorientierte Soziale Arbeit Prozesse der Inklusion und Exklusion nicht einfach zu einer Herausforderung ausschließlich einzelner Personen macht. Das würde bedeuten, dass beispielsweise Konflikte zwischen personalen Zielen und interaktionalen, organisationalen oder gesellschaftlichen Hausforderungen negiert würden. Ganz im Gegenteil stellt sich lösungsorientierte Soziale Arbeit konflikthaften Themen und regt Alternativen zum Problem an.

Lösungsorientierte Soziale Arbeit wird mit dem gesellschaftlichen Phänomen einer Entkopplung sozialen Handelns aus lebensweltlichen Bezügen der Herkunftsmilieus bei gleichzeitigem Zuwachs an individuellen Gestaltungsmöglichkeiten konfrontiert. Der Diagnose einer Individualisierung und Pluralisierung der Lebenswelten (Beck 1986) ist zuzustimmen; sie wird aus der Perspektive lösungsorientierter Sozialer Arbeit als Herausforderung betrachtet. Eine Fokussierung daraus entstehender Risiken wird verworfen, stattdessen sollte der Blick auf gesellschaftliche Ressourcen und förderliche Ziele eines gelingenden Umbaus der Industriegesellschaft gerichtet werden. Die damit verbundene Vervielfältigung der »Optionen und Möglichkeiten sozialen Handelns« (Rauschenbach 1994, S. 89) wird im Hinblick auf ihre Entwicklungschancen betrachtet.

Die Rahmungen für soziales Handeln sind zweifellos entlang einer Veränderung der Lebensformen (Familie, Arbeit usw.) als Ausdruck neuer Kontingenz zu bezeichnen. Dies betrifft sowohl die Entscheidung hinsichtlich Partnerschaft und Familiengründung als auch die hinsichtlich des Erwerbslebens. Die damit verbundene Steigerung der Möglichkeiten und Optionen schafft neue Chancen der Gestaltung individueller und sozialer Lebensformen.

Diese veränderte gesellschaftliche Lage erfordert ein hohes Maß an Wissen über soziale Zusammenhänge, über Wirkungen und Folgen relevanter Lebenslagen.

Mit der Individualisierung und Pluralisierung der Lebensformen wird gelingende Identität und, so Erikson (1966, S. 18), das »bewusste(s) Gefühl der unmittelbaren Wahrnehmung der eigenen Gleichheit und Kontinuität in der Zeit« und somit in der eigenen Biografie zum Maßstab erfolgreicher Entwicklung. Rauschenbach (1994, S. 92) stellt im Anschluss an Erikson fest, dass Balance und Kontinuität genau diejenigen Elemente sind, die für den Menschen in modernisierten Lebensformen immer häufiger Teil der aktiv zu erbringenden Leistungen bilden.

In dieser gesellschaftlichen Lage wächst lösungsorientierter Sozialer Arbeit also die Aufgabe zu, ebenso stabile wie flexible personale wie soziale Systeme in Anbetracht sich verändernder Kontext- und Zukunftsbedingen anzuregen.

Dabei hat Förderung im Sinne einer Demokratisierung und Vergemeinschaftung in der Zivilgesellschaft (Eger u. Hensen 2013) eine hervorragende Bedeutung inne. Insofern ist vorliegend der Veränderung der Ressource »Solidarität« von tradierten Formen in Richtung »inszenierter Gemeinschaften« und damit einer öffentlich mit produzierten Solidarität (Rauschenbach 1994) zuzustimmen. Somit weitet sich lösungsorientierte Soziale Arbeit in die Bereiche durchschnittlicher privater Lebenslagen aus und normalisiert sich.

»Solidarität« und insbesondere »Gerechtigkeit« sind Beispiele für Themen, entlang deren lösungsorientierte Soziale Arbeit Ziele in Form von Werten formuliert, die Orientierung für weitere Kommunikation leisten. »Gerechtigkeit« ist ein Thema, das speziell Hosemann (2012, 2015) für die Soziale Arbeit im Anschluss an Honneth reflektiert hat. Honneth (2013, S. 19) verknüpft soziale Ordnungen mit Voraussetzungen einer Legitimation durch ethische Werte. Er setzt dabei die Idee der Gerechtigkeit zentral, die nicht als frei stehende Größe zu verstehen sei, sondern als Teil normativer Ansprüche, die zugleich Reproduktionsbedingungen der jeweiligen Gesellschaft darstellen. Hosemann (2015) argumentiert im Anschluss an Honneth (2013), dass der Einzelne gar nicht die Fähigkeiten zur Selbstverwirklichung ohne den Bezug zur sozialen Gemeinschaft habe, sodass er auf eine Sozialordnung angewiesen sei, die reflexiv auf die Herstellung gerechter Verhältnisse ziele (Hosemann 2015, S. 34). Laut Honneth (2013) sind diese Voraussetzungen insbesondere mittels Institutionen einzulösen. Soziale Arbeit nimmt an der Stelle laut Hosemann (2015, S. 35) die Funktion ein, mit ihrer Kommunikation und ihren Organisationen dazu beizutragen, wie die Vorstellungen von Gerechtigkeit gesellschaftlich und gegenüber Klienten formatiert werden. Dabei ist aus lösungsorientierter Perspektive dem Argument Hosemanns zuzustimmen, dass Handeln in der Sozialen Arbeit auf Voraussetzungen angewiesen ist, die sie nicht selbst geschaffen hat. Denn, so Hosemann (ebd., S. 36),

> »welcher Rahmen für Interaktionen zur Verfügung steht, in welchem Format Lösungen gesucht werden, ist nicht aus der Kommunikation mit Klienten oder Kooperationspartnern bestimmt.«

Es ist dem Autor zuzustimmen, dass Lösungsanstrengungen, die in ihrer Form auf Vorstellungen von Selbstbestimmung und Selbstverwirklichung verweisen, es erwartungsgemäß leichter haben, wenn sie sozial geteilt werden (ebd., S. 38). Auch wenn die lösungsorientierte Perspektive nicht Ungleichheit und Disparität als die konstitutive Komponente bzw. Auslöser sozialarbeiterischen Handelns betrachtet, sondern die personale und soziale Entwicklungstatsache, gewinnt dennoch der Einsatz für Perspektiven von Gerechtigkeit an Bedeutung, die nicht zuletzt auf Freiheitsgewinne zielen. Damit werden Unterstützungsaufgaben zur Sicherung der individuellen und sozialen Ressourcen mit dem Ziel der Stärkung derjenigen Basiskompetenzen relevant, die notwendig dafür sind, als personales und soziales System zu bestehen.

De Shazer ist wie viele Vertreter systemischer Therapieansätze einem anscheinend apolitischen Spektrum zuzuordnen, das tatsächlich jedoch infolge einer fehlenden Bereitschaft zu gesellschaftlich engagierten Positionen fatale politische Implikationen aufweist. Kaimer (1995, S. 399) stellt dazu fest:

> »Bei den Gründerpersönlichkeiten des Ansatzes finden sich weder in Büchern noch in Workshops Ansätze einer gesellschaftskritischen Haltung, die auf politisches Engagement bzw. die Notwendigkeit aktiver Einmischung z. B. in die jeweilige Gesundheitspolitik schließen ließen.«

Soziale Arbeit, auch und gerade systemischer Provenienz, legt nahe, an das System Gesellschaft mit all den wechselnden Beziehungen zwischen Ökonomie, Recht und Politik, die personale und soziale Systeme bestimmen, zu denken. In der Rolle des lösungsorientiert tätigen Sozialarbeiters eröffnen sich Möglichkeiten, indem ressourcen- und zielorientierte Deutungsmuster im Sinne eines politischen Engagements eingebracht werden.

3.6 Zwischen Wissen und Nichtwissen

Im Rahmen lösungsorientierter Sozialer Arbeit wird in einigen Programmen (beispielsweise in Furmans *Ich schaffs*) eine klare Benennung von Entwicklungszielen favorisiert, die erreicht oder verfehlt werden können, und von Ursache-Wirkungs-Zusammenhängen auf kommunikativer Ebene. Lösungsorientierte Soziale Arbeit handelt also durchaus *auch* entlang kausalen Überzeugungen, verzichtet allerdings auf Problemanalysen bzw. auf eine Ausdeutung des Zusammenhangs zwischen Problem und Lösung.

Andererseits muss auch lösungsorientierte Soziale Arbeit in vieler Hinsicht einen gesellschaftlichen Auftrag (beispielsweise in der Arbeit mit straffällig gewordenen Jugendlichen) erfüllen, der eine normative Orientierung impliziert.

Wie kann sich lösungsorientierte Soziale Arbeit entlang einem normativen Anspruch des Wissens auf der einen und dem »Nichtwissen« – im Sinne der nachfolgenden Ausführungen von Schlippes – auf der anderen Seite positionieren? Von Schlippe (1999, S. 6) wirft am Beispiel edukativer Programme in der Arbeit mit Familien die Frage auf, ob »mit einer Entwicklungsperspektive auch die Normativität in die Familienarbeit zurück(kommt)« und ob es so etwas geben kann

> »wie die ›gute, die richtige Kommunikation‹, wo es doch Kernpunkt systemischer Erkenntnistheorie ist, dass es nicht möglich ist, Aussagen zu machen, die ›objektiv‹ und ›richtig‹ sind, weil es keine voraussetzungsfreie Wahrnehmung gibt, da immer die Person des Beobachters in die Aussage mit einbezogen ist.«

Er fährt fort mit der Frage, ob edukative Programme, beispielsweise Marte Meo, nicht aus einer Position des Wissens heraus handeln, »ja müsste man vielleicht sogar kritisch sagen, aus einer Position des Besserwissens […]?«, und verweist auf die für systemische Verfahren, insbesondere die systemische Therapie bedeutsame Haltung des Nichtwissens (ebd., S. 6).

Lösungsorientierte Soziale Arbeit versteht sich nicht zuletzt als systemisch-konstruktivistisches Geschehen. Lösungsorientiert-systemische Sozialarbeiter und Sozialarbeiterinnen zollen den Wirklichkeitskonstruktionen personaler und sozialer Systeme Respekt. Die daran anschließende »Neukonstruktion« lösungsrelevanter Sichtweisen wird entlang dem Wissen und Wollen personaler und sozialer Systeme erlangt.

Eine wesentliche Annahme dieser systemischen Haltung ist die »Nichtinstruierbarkeit« des anderen (vgl. Cecchin et al. 1993). Systemisch orientierte Sozialarbeiter achten darauf, welche Beschreibungen sie finden können, um neue Optionen zu eröffnen. Das Ziel der sozialarbeiterischen Begleitung liegt dabei in einer Vervielfältigung der Möglichkeiten.

Anders wird in lösungsorientierter Sozialer Arbeit verfahren, die einer »Haltung des Wissens« zugeordnet werden kann. Nach wie vor wird Lösungsorientierung als systemischer Bestandteil dabei von den klassischen Modellen der systemischen Familientherapie, die u. a. von Minuchin (1979), Satir (1973), Haley (1979) und Boszormenyi-Nagy und Spark (1973) als Pionieren der Familientherapie entwickelt wurden, beeinflusst. Sirringhaus-Bünder und Bünder (2005) verwiesen darauf, dass mithilfe dieser Verfahren Veränderungen angestrebt werden, indem gezielt einzelne Merkmale des Umgangs miteinander vonseiten der Therapeuten beeinflusst werden sollen. Folgende Aspekte können demnach im Vordergrund stehen:

- die Struktur eines Familiensystems, seine Grenzen und Hierarchien (Minuchin)
- die Förderung des Selbstwertgefühls und eines konstruktiven, eindeutigen Kommunikationsverhaltens (Satir)

- die Art und Weise, wie sich in einem Familiensystem Verhaltensweisen oder Ereignisse ähnlich einem kybernetischen Regelkreis wechselseitig beeinflussen (Haley)
- die unsichtbaren Bindungen über Generationen hinweg, die aktuelles Verhalten, Erleben oder Symptome verständlich machen (Boszormenyi-Nagy).

Die entlang dieser Logik entwickelten Formen lösungsorientiert-systemischen Arbeitens fußen auf der Annahme, dass ein System durch Sozialarbeiter beeinflusst werden kann, während eine Position des »Nichtwissens« dieser Vorstellung reserviert gegenüberstehen wird. Infolge sozialarbeiterischer Kommunikation können im besten Falle Wissensbestände verflüssigt, Muster gestört und damit neue Orientierung ermöglicht werden.

Lösungsorientierte Soziale Arbeit könnte zumindest partiell i. S. einer Position des »Wissens« verstanden werden. Lösungsorientierte Soziale Arbeit geht dabei von der Möglichkeit aus, über die Weitergabe von Informationen und das Gewinnen von Einsichten in die Wirkungen eigenen Handelns das Bewusstsein personaler und die Kommunikation sozialer Systeme anregen zu können.

Interventionen entlang einer Position des Nichtwissens, beispielsweise zirkuläre Fragen, bewegen sich, so Sirringhaus-Bünder und Bünder (2005, S. 178), überwiegend auf den Ebenen der Überzeugungen, der Werte und des Glaubens sowie der Identität, während die Haltung des Wissens in ihrer Wirkung eher auf den Ebenen des Verhaltens und der Fähigkeiten verortet wird.

Im Rahmen lösungsorientierter Sozialer Arbeit stimmen wir von Schlippe (1999, S. 9) zu, der davon ausgeht, dass für die unterschiedlichen Ebenen möglicherweise unterschiedliche Regeln gelten. Während auf der einen Ebene

Kausalitätskonzepte wenig nützlich sind, können sie auf der anderen Ebene als nützlich erscheinen; und wo es auf der einen Ebene darum geht, sich engagiert um eine Vielfalt von möglichen Beschreibungen zu bemühen, könnte es auf der anderen Ebene hilfreich sein, gerade diese Vielfalt, die Beliebigkeit der Beschreibungen zu reduzieren; wo es auf der einen Ebene sinnvoll erscheint, allparteilich und neutral zu sein, ist auf der anderen Ebene engagierte Parteilichkeit nützlich, sofern sie nicht mit Entwertung einhergeht.

3.7 Partizipation und Arbeit im Zwangskontext

Der Bereich lösungsorientierter Beratung, wie ihn Steve de Shazer (1990) und Insoo Kim Berg (1992) ursprünglich konzeptionell gestaltet haben, findet im Kontext der Freiwilligkeit und konsequent am Willen der Klienten ausgerichtet statt. Für diese Präferenz in der Sozialen Arbeit sprechen viele Argumente, insbesondere da mit Blick auf traditionelle Vorstellungen von einem »Mythos instruktiver Interaktion« (Dell 1984, S. 167) gesprochen werden kann. Eine gelungene Intervention kann daher aus systemischer Sicht allenfalls als eine »signifikante Verstörung« (Ludewig 1983) eines Systems verstanden werden, nicht als Wirkung der gelungenen Umsetzung einer sozialpädagogischen Lehre.

Andererseits ist das Handeln im Zwangskontext ein Bestandteil Sozialer Arbeit. Damit ist im Zusammenhang einer Handlungstheorie lösungsorientierter Sozialer Arbeit die Frage zu stellen, wie dieser Kontext gestaltet werden kann.

Der lösungsorientierte Vorschlag von de Shazer und Berg, wie methodisch mit sich widersprechenden Auftragslagen umgegangen werden kann, richtet sich an dem Bemühen aus, Klienten bei der Verfolgung ihrer Ziele zu unterstützen und Kooperationen, auch im Falle von Unfreiwilligkeit, aufzubauen (vgl. Berg 1992, S. 62 ff.). Wenn es gelingt – so die Annahme –, dass Klienten Ziele erkennen, an denen sie gerne arbeiten würden, dann können aus unfreiwilligen Klienten freiwillige werden (vgl. Geiling 2002, S. 83).

Tatsächlich kann jedoch davon ausgegangen werden, dass im Zwangskontext der Rahmen für eine Beratung im Sinne de Shazers nicht unbedingt gegeben ist, wenn also Dienstleistungen nicht erbeten, sondern verordnet werden. Das bedeutet auf sozialarbeiterischer Seite, dass Dienstleistungen sich nicht nur an den Anliegen der Klienten, sondern auch an bürokratischen und juristischen Regeln zu orientieren haben. Walter und Peller (2004, S. 296) verweisen daher im Zusammenhang mit ihren Überlegungen zur Lösungsorientierung bei Unfreiwilligkeit auf Grenzen der Kooperationsmöglichkeit: »Einige KlientInnen werden Sie nie als HelferIn wahrnehmen.« Es ist daher Geiling (2002, S. 84) zuzustimmen, wenn er konträr zum ursprünglichen Konzept von de Shazer fordert,

> »reflexiv – und dadurch verantwortlich – mit Machtkonstellationen umzugehen und diese für KlientInnen transparent zu machen.«

Kähler (2009) hat für die Soziale Arbeit gezeigt, wie sich mit Pflichtklienten Voraussetzungen für eine erfolgreiche Zusammenarbeit gestalten lassen. So hat der Sozialarbeiter die Möglichkeit, mit seinen Rollen differenziert umzugehen und innerhalb seines Auftrags Handlungsspielräume zu nutzen, um mit Klienten in eine produktive Beratungsbeziehung zu treten. Demnach ist in der Beratungsbeziehung zu Klienten die Unterscheidung zwischen Pflichtanteilen (im Zwangskontext) und Küranteilen (im Freiwilligenkontext) von Beginn an transparent zu kommunizieren (vgl. ebd.).

Eine weitere Möglichkeit des lösungsorientierten Umgangs mit Zwangssituationen besteht darin, statt einer Aufteilung in Pflicht- und Küranteile auch im lösungsorientierten Kontext situativ Machtanteile zu integrieren und zu reflektieren. Dies kann geschehen, indem erstens Ziele deutlich als Ziele Dritter, z. B. als gesellschaftliche oder organisationale Ziele, markiert werden und die Anwendung von Macht offengelegt wird. Voraussetzung wäre zweitens, dass der »Pflichtanteil« ebenfalls mit Ansprüchen der Ressourcen- und Zielorientierung gestaltet wird, allerdings unter (partieller) Maßgabe eines Zwangskontextes.

3.8 Lösungsorientierte Soziale Arbeit wendet Methoden an, die den Lösungsmodus anregen

Galuske (2011, S. 22 f.) unterscheidet Methoden im engeren Sinne als »Formen des Herangehens an Aufgaben zur Lösung von Zielen/Problemen«, also die Frage nach dem Wie, von einem weiteren Methodenbegriff, mit dem nach dem Warum, nach der Intention der Methode im Kontext von Problemlagen, Zielsetzungen und Rahmenbedingungen, gefragt wird.

Der grundsätzlichen Unterscheidung des Wie und des Warum der Methode wird hier zugestimmt. Gleichzeitig werden die methodischen Überlegungen in der lösungsorientierten Sozialen Arbeit auf Zielsetzungen bezogen, während eine Vertiefung der Relation Methode/Problemlage anderen Linien Sozialer Arbeit vorbehalten bleibt.

Lösungsorientierte Soziale Arbeit hat spezielle Handlungskonzepte sowohl auf der einzelfall- und primärgruppenbezogenen Ebene (z. B. der Familien) als auch auf der gruppen- und sozialraumbezogenen Ebene anzubieten bzw. zu entwickeln. Ebenso sind indirekt interventionsbezogene Methoden, z. B. Supervision, sowie struktur- und organisationsbezogene Verfahren obligatorisch.

Zentral verwendet lösungsorientierte Soziale Arbeit Verfahren, die im Hinblick auf personale und soziale Systeme eine ressourcen- und zielorientierte Perspektive anregen.

Lösungsorientierte Soziale Arbeit entwickelt und übernimmt Methoden, die unterschiedliche Systemebenen ansprechen.

Lösungsorientierung wurde zunächst als ein vornehmlich auf das Individuum konzentrierter Beratungsansatz entwickelt. Entsprechend hat sich z. B. ein reiches Repertoire lösungsorientiert-systemischer Fragen für das Gespräch mit einzelnen Personen etabliert, das in vielen sozialarbeiterischen Situationen zum Einsatz kommt. Als Beispiel sei an dieser Stelle das zirkuläre Fragen genannt. Mit zirkulären Fragen wird das im systemischen Kontext gegebene Verständnis akzentuiert, nach dem Veränderungen in einem Teil des Systems (z. B. der Familie) unausweichlich zu Veränderungen im Gesamtsystem führen (vgl. de Shazer 1986, S. 186). Dieser »Veränderungsoptimismus« (Geiling 2002, S. 77 ff.) im Zusammenhang eines Beratungsansatzes reicht jedoch für Soziale Arbeit nicht aus.

Sozialarbeiterischer Anspruch hat sich darüber hinaus entlang solch sinngebenden Losungen zu orientieren wie »der Fall im Feld« für die Sozialraumorientierung oder »systemisches Arbeiten heißt mit dem Fall, der Fallumgebung und der Sozialstruktur arbeiten (trifokaler Ansatz)« (Hosemann 2012, S. 49). So rahmt z. B. das Fachkonzept »Sozialraumorientierung« mittels eines methodenintegrativen Ansatzes die Fallarbeit einzelfallspezifisch, einzelfallübergreifend und einzelfallunabhängig (Bestmann 2013b,

S. 70). Bestmann schlägt darüber hinaus das Konzept des Peer-Counseling vor, mit dem

> »Sozialarbeiter_innen die anderen an den Aktivitäten beteiligten Menschen aus dem sozialen Bezugssystem und auch dem Stadtteil als Lebensweltexpert_innen«

wahrnehmen (ebd.; vgl. auch Abschn. 4.3 in diesem Band).

Im Hinblick auf individuelle Hilfeplanung haben sich sowohl Konzepte ressourcenorientierter Diagnostik wie auch Verfahren der Zielformulierung bewährt, und im Rahmen indirekt interventionsbezogener Verfahren sind z. B. ressourcenorientierte kollegiale Fallberatung (Herwig-Lempp 2012) und lösungsorientierte Supervision Teil des Methodenspektrums.

Der Autor stimmt der Feststellung Hosemanns (2012, S. 45) zu, dass die Reduktion Sozialer Arbeit auf eine Interventionsmethodologie zum einen den kritischen Einwänden der Therapeutisierung Sozialer Arbeit Vorschub leistet und zum anderen Sozialarbeiter berufspolitisch in eine Konkurrenz zu systemisch ausgebildeten Therapeuten mit psychologischer oder anderer Grundausbildung geraten lässt.

Über organisationsbezogene Methoden hinaus, z. B. lösungsorientierte Mitarbeitergespräche (Schmitz u. Billen 2012) und Formen lösungsorientierter Organisationsaufstellungen, muss lösungsorientierte Soziale Arbeit daher Konzepte anbieten, die auf Willensbildungsprozesse in der Gesellschaft und ihren Teilbereichen zielen. Der systemische Ansatz unterstützt z. B. Sozialraumanalysen mittels Theorien der Kopplung mit sozialen Systemen und Konzepten zur Selbstorganisation (vgl. Hosemann 2012, S. 49), die auf politische Entscheidungen Einfluss nehmen.

Im Hinblick auf andere gesellschaftliche Teilbereiche wie Schule, Wirtschaft oder Gesundheitswesen und ihre Organisationen, so Hosemann (2012, S. 48) weiter, ist Soziale Arbeit auf Zusammenarbeit angewiesen und aufgefordert, »Kontakte zu Kopplungen und Kopplungsarbeit in ›strukturelle Kopplungen‹ zu überführen«. Insofern sind Potenziale lösungsorientierter Kommunikation dafür zu nutzen, Kopplungen ressourcen- und zielorientiert zu sichern. Auf der Ebene sozialer Systeme bietet insbesondere das Netzwerkkonzept (Fischer u. Kosellek 2013) eine Überführung in eine lösungsorientiert akzentuierte Methodik an.

Lösungsorientierung in der Sozialen Arbeit erfordert eine konstituierende Fokussierung auf Ressourcen und Ziele in allen zur Anwendung kommenden Methoden. Neben einzelnen Verfahrensweisen, Instrumenten und Techniken, die als genuin lösungsorientiert ausgewiesen werden können, so z. B. die Frage nach Ausnahmen, sind auch alle weiteren methodischen Belange auf diesen Anspruch auszurichten.

Vertreter Sozialer Arbeit sind so sehr daran gewöhnt, bei Veränderungen problemorientiert zu analysieren und nach den Ursachen zu fragen, dass ihnen eine Vorgehensweise ohne diese Elemente zunächst absurd erscheinen mag. Aber gerade der konsequente Blickwechsel – von den Ursachen und der problemorientierten Analyse hin zu den Zielen – ist das Überraschende und Wirksame in der lösungsorientierten Sozialen Arbeit. Sie setzt sich somit mit den anzuwendenden Methoden in einen Gegensatz zu all denjenigen Verfahren, die davon ausgehen, dass eine Veränderung in Richtung eines gewünschten Ziels eine Problemanalyse erfordert.

Lösungsorientierte Soziale Arbeit heißt, die häufig vorgetragenen Probleme, Konflikte, Störungen usw. nicht vertieft zu explorieren, sondern möglichst rasch in einen »Entwurfsmodus« umzuschalten, also Ziele zu entwickeln und vorhandene Kompetenzen und Ressourcen zu fokussieren. Damit ist die Aufforderung an diagnostische Verfahren in Richtung einer Ressourcendiagnostik (Klemenz 2003) formuliert. Lösungsorientierte Soziale Arbeit zeichnet sich also bereits in der Eingangsphase der Begleitung (ob sie nun als einzelfall-, gruppen-, sozialraum-, organisations- oder gesellschaftsbezogene Methode stattfindet) durch ressourcen- und zielbezogene Verfahren aus. Somit ist eine Absage an Vorschläge formuliert, die im Sinne eines Stufenmodells (vgl. Kleve 1999, S. 19) Problemdiagnostik mit einer anschließenden ressourcen- und zielorientierten Intervention kombinieren.

3.9 Methodische Vertiefung: Mediation und lösungsorientierte Soziale Arbeit

Lösungsorientierte Soziale Arbeit wird häufig in Situationen konfligierender Ziele tätig. Die Moderation unterschiedlicher, sich teilweise widersprechender Ziele ist eine der zentralen Aufgabenstellungen lösungsorientierter Sozialer Arbeit, da Bewusstseinsbildung und Kommunikation ganz wesentlich entlang von Zielen (und Ressourcen) gestaltet werden.

Im methodischen Spektrum nimmt daher Mediation für lösungsorientierte Soziale Arbeit eine wichtige Position ein.

Im Falle konfligierender Ziele werden Sozialarbeiter und Sozialarbeiterinnen in der anfänglichen Interaktion oftmals mit einer problemorientierten Haltung konfrontiert, wie sie Haynes (2004) für die Mediation beschrieben hat:

> »Die meisten Klienten artikulieren ganz deutlich, was sie nicht wollen, schweigen aber beharrlich darüber, was sie eigentlich wollen. Daher [...] ist es für den Mediator einigermaßen schwer, seinen Klienten dabei zu helfen, nicht zu bekom-

> men, was sie nicht wollen – genau das erwarten Klienten aber von ihrem Mediator, wenn er mit ihnen in der Vergangenheit verweilt« (p. 7; Übers.: F. E.).

Sozialarbeiter werden im Zusammenhang mit dem Konflikt mit unterschiedlichen *Geschichten* konfrontiert, die den handelnden Personen und sozialen Systemen eine Orientierung für ihre Gedanken und Kommunikationen ermöglichen. Diese Geschichten haben laut Bannink (2009) das Potenzial, je nach Fokussierung das Problem eher zu stabilisieren oder aufzulösen. Im Falle von Geschichten der Schuldzuweisung wird einer Person oder einem sozialen System die Verantwortung für den Konflikt zugeschoben. Mit der Perspektive der Geschichten vom Ding der Unmöglichkeit werden Veränderungen als unmöglich betrachtet. Geschichten haben laut Bannink (2009) das Potenzial, je nach Fokussierung das Problem eher zu stabilisieren oder aufzulösen. Im Falle von *Geschichten der Schuldzuweisung* wird einer Person oder einem sozialen System die Verantwortung für den Konflikt zugeschoben. Mit der Perspektive der *Geschichten vom Ding der Unmöglichkeit* werden Veränderungen als unmöglich betrachtet. Im Falle der *Geschichten von Verletzungen* werden Gefühle, Wünsche, Gedanken oder Handlungen als unakzeptabel angesehen, und in *Geschichten fehlender Verantwortungsbereitschaft* werden Personen und soziale Systeme von ihrer Verantwortung ausgenommen. Als Alternative dienen *Geschichten von Lösungen.* Entlang dieser Perspektive werden Geschichten von Konflikten zu Geschichten von Lösungen umgeschrieben, indem man die Auswirkungen eines Konflikts und die dadurch geschaffenen Fakten anerkennt, ohne sie jedoch analysieren, beurteilen und erklären zu wollen (vgl. ebd., S. 118ff).

Im Falle divergierender Ziele handeln Personen entlang von Skripten, also personorientierten Anweisungen. Soziale

Systeme kommunizieren demgegenüber entlang von Regeln. Solche Skripte und Regeln können laut De Bono (1985) nachfolgende unterschiedliche *Modi des Konfliktdenkens* offenbaren.

Im *Kampf* wird der Schwachpunkt des Gegners zentral gesetzt, eine Partei will gegen die andere gewinnen. *Verhandlungen* legen demgegenüber einen Kompromiss nahe, wobei sich die zur Verfügung stehenden Möglichkeiten auf das Bestehende beziehen. Als *Problemlösung* erfolgt eine Analyse des Problems und seiner Ursachen. Aus der Bestimmung des Problems werden Ursachen abgeleitet. Demgegenüber lenken *Entwürfe* die Aufmerksamkeit auf das Ziel, auf das, was geschaffen werden kann. Beteiligte springen hypothetisch an das Ende des Konflikts. De Bono fordert dann auch, dass Konfliktdenken nicht Kampf, sondern Entwurfsübung sein solle (vgl. ebd., S. 124). Mediation kann gemäß Bannink (2009) Geschichten des Konflikts und Modi des Konfliktdenkens in unterschiedlicher Weise fokussieren.

Die Autorin unterscheidet problem- und lösungsorientierte Mediation. Im Falle problemorientierter Mediation liegt der Fokus auf dem Problem, seinen Ursachen, Auswirkungen usw. Es wird eine Kausalbeziehung zwischen Problem und Lösung vorausgesetzt. Auf dieser Grundlage bedarf die Lösung einer (intensiven) Problemanalyse. Im Zusammenhang mit der Problemanalyse und der anschließenden Lösungssuche verfährt der Mediator eher expertenorientiert. Im Falle lösungsorientierter Mediation liegt der Fokus demgegenüber auf der erwünschten Zukunft. Ein Zusammenhang zwischen Problem und Lösung wird nicht vorausgesetzt. Der Mediator setzt in seinem Selbstverständnis eine nichtwissende Haltung im Hinblick auf Lösungsinhalte ein (vgl. ebd., S. 173 ff.).

Lösungsorientierte Soziale Arbeit nimmt, statt die den Konflikt beherrschenden Probleme zu untersuchen, von Beginn an und konsequent Ziele und Ressourcen in den Blick und favorisiert somit De Bonos Idee des Entwurfsmodus.

4 Ausgewählte Entwicklungsanforderungen und methodische Beispiele lösungsorientierter Sozialer Arbeit

Aus der Perspektive Sozialer Arbeit ist es erforderlich, neben der Beschreibung inhaltlicher Herausforderungen über »Analysen des Zusammenwirkens der Systemtypen Interaktion, Organisation und Gesellschaft zu verfügen« (Hosemann u. Geiling 2013, S. 61). Denn die Strategien der Sozialen Arbeit, auf soziale Herausforderungen zu antworten, werden infolge kommunikativer Muster auf den Systemebenen erstellt.

Nachfolgend werden auf den Systemebenen beispielhaft lösungsorientiert-systemische Methoden reflektiert.

4.1 Bens Familie im Bild

Der alleinerziehende Vater Tom Heinze lebt mit seinem fünfjährigen Sohn Ben in einer norddeutschen Großstadt. Die Familie wird im Rahmen einer Hilfe zur Erziehung gem. § 27 SGB VIII in der Form des Video-Hometrainings gefördert. Während einer Beratungssituation, in einem »Review«, sieht sich Herr Heinze im Film im Kontakt mit seinem Sohn. Der Film wurde von dem Sozialarbeiter und VHT-Trainer der Familie, Herrn Escher, in einer Alltagssituation der Familie, dem gemeinsamen Abendessen, mit einem Camcorder gedreht. Der Sozialarbeiter stellt Herrn Heinze Fragen nach gelingenden Sequenzen, wie sie sich zwischen Vater und Sohn als Basiskommunikation, beispielsweise im Blickkontakt, in aufmerksamer Bestätigung und Anleitung in der Vater-Sohn-Interaktion, zeigen. Außerdem führen sie ein Gespräch über Bens Bedürfnisse und das, was zukünftig erreicht werden soll im Kontakt zwischen Vater und Sohn.

Die beiden bekanntesten per Video unterstützten Beratungsverfahren, das Video-Hometraining (VHT) und Marte Meo, beruhen auf ganz ähnlichen Annahmen, die nachfolgend im Hinblick auf ihre lösungsorientierten Anteile in der Beratung von Eltern betrachtet werden sollen.

Beide Verfahren orientieren sich laut Sirringhaus-Bünder und Bünder (2005) entlang der Prämisse, dass es eine entwicklungsfördernde Kommunikation zwischen Eltern und Kind gibt und die meisten Eltern das intuitive Vermögen besitzen, mit ihrem Kind entsprechende Dialoge zu führen (ebd., S. 168). Die Verfahren basieren auf den zahlreichen Studien jener Elemente, die als natürliche, entwicklungsfördernde Dialoge zwischen Eltern und Kind bezeichnet werden (vgl. u. a. Papoušek 1994; Stern 1992; Bruner 1987; Trevarthen 1979).

Nach dem Grundverständnis dieser Beratungsverfahren können, so Sirringhaus-Bünder und Bünder (2005), Merkmale einer positiven Entwicklung klar benannt und Entwicklungsziele eindeutig formuliert werden (S. 168). Ob nun eine positive Entwicklung erzielt werden kann, hängt nach Auffassung der Vertreter von VHT/Marte Meo insbesondere von der Erfüllung grundlegender Merkmale in der Interaktion zwischen Eltern und Kind ab, wie sie beispielsweise von Kellmer-Pringle (1975) als Bedürfnisse nach Kontakt, Aufmerksamkeit und Ermutigung, nach Inbesitznahme der Welt, nach Kooperation und Austausch, nach Zugehörigkeit, Schutz und Geborgenheit benannt werden. Böwer (2014, S. 7) führt im Hinblick auf das VHT dann auch aus, dass dieses Verfahren stärker bindungstheoretisch denn ressourcenorientiert fokussiert sei.

Die Konzentration auf genannten Merkmale eines »guten Kontakts« ermöglicht somit eine gelingende, im besten Fall sichere Bindung zwischen den relevanten primären und sekundären Bezugspersonen und dem Kind.

Intuitiv förderliches Elternverhalten kann, so Sirringhaus-Bünder und Bünder (2005) weiter, auf verschiedene Weisen beeinträchtigt sein. Häufig sind es Nachteile in der Biografie und/oder in den aktuellen Lebensbedingungen der Eltern, die es ihnen schwer machen, die Entwicklungsbedürfnisse ihrer Kinder intuitiv zu erkennen und zu beantworten. Werden nun jedoch die genannten Grundbedürfnisse nicht ausreichend erfüllt, reagieren Kinder irritiert und zunehmend auffällig (ebd., S. 169). Es kann eine Dynamik entstehen, in der sich anstelle eines entwicklungsfördernden ein »problemerzeugendes System« um das Kind herum etabliert (vgl. Anderson u. Goolishian 1992; White 1989). Problemsysteme sind infolge von Problemkommunikation entsprechend diesem Verständnis konstituiert.

VHT und Marte Meo basieren nun auf der Annahme, dass problembelasteten Eltern häufig Wissen und Erfahrung fehlen, was sie genau tun können, um ein Kind in seiner Entwicklung zu fördern. Dies korrespondiert mit der Erfahrung, dass es häufig in helfenden Systemen eine Fülle von Informationen über Problembeschreibungen und -erklärungen, jedoch viel weniger Informationen über Problemlösungen für Betroffene gibt.

Videounterstützte Beratung will deshalb Eltern darin begleiten, eine gute Entwicklung ihrer Kinder gezielt zu fördern (vgl. Aarts 1996). Somit erhalten Eltern infolge der Begleitung eine Vorstellung von »gelingender Erziehung«.

Ausgangspunkt der Beratung sind Videoaufnahmen von Alltagssituationen. Die Videoaufnahmen zeigen, wie elterliches Verhalten Entwicklung fördert und wo es optimiert werden könnte. Jedes förderliche Kommunikationsverhalten wird dabei als Ressource verstanden, die es zu verstärken und auszubauen gilt. Im Zentrum der Beratung steht eine Orientierung an wenigen, überschaubaren Kommunikationselementen, mit deren Hilfe Eltern angeregt werden, die Kommunikation mit ihren Kindern zu verbessern.

Videounterstützte Beratung erlaubt es, mithilfe von Videoanalysen vor allem »Bilder möglicher Lösungen« zu entwerfen (vgl. Hawellek 1997). Zentraler Bestandteil dafür ist die umfassende Interaktionsanalyse familiärer Alltagssituationen (z. B. bei Mahlzeiten, in Spielsituationen, in Zubettgehsituationen, bei Hausaufgabenerledigung).

Die Videoanalyse zeigt die Fähigkeiten und Ressourcen der Eltern, gleichgültig ob ausgebildet oder in Ansätzen, genauso gut wie die Entwicklungsbedürfnisse des jeweiligen Kindes. Bilder videogestützter Begleitung sind somit, im Sinne von Kosellek (2015) als »Komplexitätsverminderer« zu verstehen, die Kommunikation ressourcen- und zielorientiert anregen.

Videounterstützte Beratung vermag infolge ihrer spezifischen Operationsweise Unterschiede zu erzeugen und damit das Alltagsgeschehen mit alternativen ressourcen- und zielorientierten Sichtweisen zu animieren. Demnach lokalisieren Eltern im gelungenen Fall den momentanen Aufmerksamkeitsfokus ihres Kindes, sie bestätigen die Wahrnehmung der Initiativen ihres Kindes und warten aktiv seine Reaktion ab. Eltern benennen die aktuellen oder sich entwickelnden Initiativen und Aktionen des Kindes sowie die damit verbundenen Erfahrungen und Gefühle, und sie bestätigen und verstärken sofort, wenn ihr Kind ein erwünschtes Verhalten zeigt. Eltern benennen Personen, Objekte und Ereignisse, um ihrem Kind eine Verbindung der »äußeren Welt« mit seiner »inneren Welt« zu ermöglichen, und tragen die Verantwortung für angemessene und abgestimmte Anfangs- und Endsignale in der jeweiligen Situation. Sie leiten und lenken (vgl. Aarts 2002; Øvreeide a. Hafstad 1996).

In der sich der Filmaufnahme anschließenden Beratungssitzung, dem sogenannten Review, sehen sich Eltern selbst im Kontakt mit ihren Kindern. Dadurch wird es ermöglicht, dass sie ihre reale Alltagssituation aus einer Metaperspektive betrachten können. In einem geschützten Raum erfahren sie eine Einsicht in den Ablauf und die Wirkungen ihres eigenen Tuns. Hilfreiche, anregende Fragen des Beraters erlauben es, in einer neuen Art und Weise über sich selbst, die Beziehungen und die Handlungen nachzudenken. Im Rahmen dieser solcher können beispielsweise zirkuläre Fragen eingesetzt werden, wie sie Kosellek (2015, S. 54 f.) für bildhafte Verfahren als Fragen zur Wirklichkeits- und Möglichkeitskonstruktion vorgeschlagen hat:

- »Was denkt X, was Y im Bild zuerst als hilfreich erachtet?«
- »Welches Bild vermittelt aus Ys Sicht am ehesten eine gelungene oder entspannte Situation? Woran erkennt Y das? Welches Bild hätte noch ausgewählt werden können? (Reihung.)«
- »Was würde Z sagen, welche Ressource Y in diesem Bild entdeckt?«
- »Was würde Y im Bild zuerst verändern? Was zuletzt?«
- »Was hat sich im Bild in zehn Jahren alles verbessert? Was in 50 Jahren?«
- »Wer im Bild hat als Erster etwas verändert?«

Marte Meo/VHT sind lösungsorientierte Trainingsprogramme, die Personen ressourcen- und zielorientiert dazu anregen, eine neue Kommunikation im sozialen System zu versuchen. Leitend ist dabei die normative Überzeugung einer zu erzielenden »guten« Bindung, die infolge gelingender Kommunikation in einem natürlichen Prozess erzeugt wird. In ihrer Sozialisation benachteiligte Eltern können die förderliche Basiskommunikation mittels VHT/Marte Meo erlernen. VHT/Marte Meo sind somit als Trainings zu betrachten, die mittels Kausalprogrammen einen ressourcen- und zielorientierten Lösungsmodus intendieren.

4.2 The wild bunch – *Lösungsorientierte Gruppenarbeit mit straffällig gewordenen Jugendlichen*

Die Teilnehmer eines Anti-Aggressivitäts-Trainings (AAT) finden sich mit ihren Trainern im Gruppenraum zum Provokationstest ein. Anlass für das Training sind Gewalttaten der Teilnehmer. Alle Teilnehmer und Trainer sitzen zusammen im Kreis. Einer der Teilnehmer, ein Jugendlicher mit schwarzer Hautfarbe, ist Adressat der Provokation. Die Jugendlichen wurden auf das Ziel des Provokationstests vorbereitet, so einer der Trainer, »einen Teilnehmer zu reizen bis an die Grenze, an der er normalerweise ausflippen würde«. Im Rollenspiel wird der jugendliche Adressat von einem der Trainer in der Rolle als Fahrkartenkontrolleur in der U-Bahn provoziert. Die übrigen Jugendlichen im Hintergrund des Rollenspiels provozieren den Jugendlichen mit schwarzer Hautfarbe. »So was hat keine Mutter, so was schlüpft aus der Kokosnuss«. Der Adressat des Rollenspiels steht schließlich auf und verlässt den Raum (vgl. Caritasverband 2005).

Soziale Arbeit kann über eine lange Tradition der Problemorientierung im Sinne einer Fokussierung personaler und sozialer Systeme auf »Phänomene der Unerwünschtheit« (Hafen 2012, S. 313) verweisen. Als problemorientiert bezeichnen Vertreter der Lösungsorientierung auch präventionsorientierte Konzepte, die vornehmlich einen Zusammenhang zwischen gegenwärtigen Maßnahmen und dem Nichtauftreten eines zukünftigen Problems zentral stellen (vgl. Hafen 2012, S. 309–312). Prävention zielt somit auf die Abwesenheit eines Problems, beispielsweise der Straffälligkeit eines Jugendlichen.

Konfrontative Pädagogik wurde als Handlungsstil bzw. Methodik der Intervention im Umgang mit gewaltbereiten Jugendlichen entwickelt. Sie thematisiert einerseits die moralischen Instanzen von Tätern, indem das Leid der Opfer zum Gegenstand gemacht wird (vgl. Kilb u. Weidner 2013, S. 29). Andererseits werden aggressive, gewalttätige Klienten in Anlehnung an Ideen der konfrontativen (Corsini 1994) und provokativen Therapie (Farelly u. Matthews 1994) auf problematische Anteile ihrer Person verwiesen (vgl. Kilb u. Weidner 2013, S. 83 ff.).

Die Abwesenheit von strafbaren Handlungen, insbesondere von Gewalttaten Jugendlicher, ist ein zentrales Ziel des Anti-Aggressivitäts-Trainings als Programm konfrontativer Pädagogik. Adressaten des AAT sind somit Jugendliche und junge Heranwachsende, also junge Menschen in der Entwicklung, die (teilweise mehrfach) mit Gewaltdelikten in Erscheinung getreten sind.

Das AAT zielt auf inakzeptable, insbesondere gewalttätige Formen der Aggression mit dem Ziel einer Umwandlung von Feindseligkeit in persönliche Wachstumsbereitschaft der Täter (vgl. Heilemann u. Fischwasser-von Proeck 2001, S. 136).

Diese Form der sozialen Gruppenarbeit reflektiert in unterschiedlicher Weise die Straftat, mögliche Gründe für das abweichende Verhalten und die Folgen des strafbaren Handelns. Somit werden in der Hauptsache Problembilder aufgerufen und konstruiert.

Kern des AAT mit dem »heißen Stuhl« ist die Konfrontationsphase, in der das Selbstbild so verändert werden soll, dass Empathiefähigkeit entsteht. Es geht also darum, die bisherige Einstellung des Täters zu Gewalt mithilfe eines Übergewichts an Antagonisten zu überwinden:

> »Die konfrontative Therapie strebt einen schlagartigen, radikalen, schnellen Erkenntnisgewinn des Menschen an« (Weidner 2001, S. 12).

Die Kritik des AAT konzentriert sich sowohl auf Inhalte als auch auf die Art und Weise der Problemorientierung und verweist auf mögliche Folgen des Tuns. Die nachfolgende Zusammenfassung kritischer Stimmen zielt dabei weniger auf das konfrontative Merkmal dieser Form der Begleitung straffällig gewordener Jugendlicher, sondern auf problemorientierte Bilder, die gefestigt und teilweise erst erzeugt werden und nach Überzeugung der Lösungsorientierung zu einer Stabilisierung des Problems führen. Die lösungsorientierte Kritik des AAT stimmt also mit Ergebnissen überein, wie sie im Exkurs aus Kapitel 2 im Hinblick auf die sogenannte Katharsisthese skizziert wurden. Demnach fördert das Beobachten von Aggression die Aggressionsneigung im Beobachter.

Im Rahmen des AAT werden Provokationstests aufgebaut und die Taten in psychodramatischen Rollenspielen nachinszeniert. Höhepunkt dieser Konfrontation ist der heiße Stuhl. Der Jugendliche soll »Gewalt als Kompensation seines eigenen mickrigen Ichs erleben […], Ekel und Abscheu verspüren« (Heilemann u. Fischwasser-von Proeck 2004,

S. 73). Analog zu der genannten Katharsisidee muss hier das Problem zunächst durchlitten werden, damit eine Veränderung erreicht werden kann. An der Stelle kann bereits betont werden, dass mit dem sogenannten Sherman-Report konstatiert wurde, dass sich als sinnlos solche Maßnahmen erweisen, die Abschreckungsmethoden favorisieren, aufgrund deren Disziplin und Angriff auf das Selbstwertgefühl betont werden (Sherman 1996, pp. 23, 36 ff.).

Dies wirft laut Plewig (2010) erneut die Frage des Lernens am Modell auf. Der Jugendliche bekommt signalisiert, dass ein stichelndes, den Konfrontierten demütigendes Verhalten akzeptabel, gar erwünscht sei. Dies bestätigt noch die angeblich verwerflichen Machtgelüste der Gefangenen (das abweichende Verhalten der Jugendlichen ist einerseits unerwünscht, und andererseits wird im Training abweichendes Verhalten gefördert). Plewig verweist in dem Zusammenhang auf die Evaluation eines Trainings mit rechtsradikalen, gewalttätigen Jugendlichen, in deren Folge die Jugendlichen sich an ihre eigenen Mitwirkungshandlungen bei der Konfrontation anderer Teilnehmer detaillierter erinnerten als an die Erfahrungen, die sie selbst auf dem heißen Stuhl gemacht hatten (ebd., p. 435).

Darüber hinaus gibt es Hinweise darauf, dass die abschreckende Wirkung in der Regel nur so lange anhält, als die strafandrohende und -vollziehende Gewalt wirklich gegenwärtig ist. Während die bisherigen Selbstevaluationen (vgl. Weidner 2001) die Selbstauskünfte der Probanden zur Grundlage machten, stellt die Untersuchung des Verhaltens in der »Legalbewährung« (also nach Verbüßung einer Strafe) von Ohlemacher et al. (2001) einen wichtigen Schritt dar. Die Untersuchung wurde auf der Basis von Auszügen aus dem Bundeszentralregister (BZR) durchgeführt. Bei 63 % der untersuchten Personen (N= 146) wurde ein strafrechtlich relevanter und als solcher gerichtlich belangter Rückfall festgestellt. Alle nicht den Strafverfolgungsinstanzen bekannt gewordenen Straftaten fanden in der Untersuchung keine Berücksichtigung.

Ohlemacher et al. (ebd., S. 6 f.) kommen in ihrer Untersuchung zu dem Ergebnis:

> »Vergleicht man die jeweiligen Rückfallraten, -häufigkeiten und -geschwindigkeiten von AAT-Trainierten und AAT-Untrainierten, so erweisen sich diese als nahezu identisch.«

Im Kern setzt das AAT den Schwerpunkt auf problemorientierte Bilder: demütigendes Verhalten, entwertete Persönlichkeit, problemorientierte Deutung von Herkunft und Entwicklung der Jugendlichen, Abschreckung.

Es liegt auf der Hand, dass aus lösungsorientierter Perspektive in der Person des einzelnen am AAT teilnehmenden Jugendlichen Bilder im Bewusstsein und in neurobiologischer Hinsicht animiert werden, die als problemorientiert zu bezeichnen sind. Eine Gruppe von Jugendlichen wird zu einer Kommunikation angeregt, in der Bilder der Genese, Ausprägung und Folgen straffälligen Handelns dominieren. Somit werden neurobiologische und kommunikative Problemnetzwerke angeregt und stabilisiert. Die in dem sozialen System Beteiligten wirken infolge ihrer Beiträge als permanente Anregung zu bestimmten Fokussierungen. Die darauffolgenden Verhaltensweisen, beispielsweise in einem sozialen Trainingskurs oder in einer Peergroup, sind somit Folge von Mustern in der Kommunikation.

Welche Alternativen im Umgang mit Jugendlichen in Entwicklung, die als gewaltbereit bekannt sind, bieten sich an?

Lösungsorientierte Arbeit mit der Gruppe straffällig gewordener Jugendlicher basiert im Wesentlichen auf den gleichen Prinzipien, die auch von lösungsorientierter Beratung mit Einzelnen bekannt sind: Zielorientierung, Erfragen und ausführliches Thematisieren von Ressourcen, Fokussierung von problemfreien Zeiten (Ausnahmen), Skalierungsfragen zur Unterschiedserzeugung. Lösungsorientierte Gruppen schaffen damit einen Ressourcen- bzw. Lösungsraum, in dem sich die Mitglieder wechselseitig dazu einladen, diejenigen Ressourcen zu fokussieren, die sie für die Lösung brauchen. Damit wird die Gruppe im besten Fall zum Unterstützungssystem für das Erreichen der jeweiligen Ziele (vgl. Hesse 2006, S. 19).

Die Gruppen sind hoch strukturiert, d. h. unstrukturierte Interaktionen der Gruppenmitglieder untereinander werden weitestgehend vermieden. Dies soll Interesse und Wertschätzung fördern – jedenfalls wird so die Wahrscheinlichkeit von destruktiven oder kränkenden Interaktionssequenzen reduziert.

Welches ist das Ziel der Gruppenarbeit mit gewaltbereiten Jugendlichen? Ein zentrales Ziel ist die Moralentwicklung (= Ziel) in Auseinandersetzung mit der Umwelt (= Mittel). Kohlberg versteht Moralentwicklung nicht als zunehmende Internalisierung moralischer Normen, sondern als Konstruktionsprozess des Individuums mit seiner Umwelt (Weyers 2010, S. 415). Ziel muss es sein, einen institutionellen Kontext des Trainingskurses zu bereitzustellen, der »Gemeinschaftssinn« (Kohlberg 1987, S. 40) schafft und zugleich durch ein »System partizipatorischer Demokratie« an Prinzipien der Gerechtigkeit orientiert ist.

In der praktischen Auseinandersetzung sollte daher der Zwangskontext des Trainingskurses partiell mit den Jugendlichen ausgehandelt werden. Daran schließen sich beispielsweise Fragen nach Möglichkeiten außerhalb des von Gerichtsseite gesetzten Rahmens an, die den Klienten Unterstützung für ihre Ziele bieten. Eine Frage, wie sie beispielsweise Conen und Cecchin (2011, S. 192) vorgeschlagen haben, könnte lauten: »Können wir darüber sprechen, welche Möglichkeiten es gibt, die Situation zu verändern?«

Kohlberg (1996) und Winter (1998, S. 91) haben Settings vorgeschlagen, die geeignet sind, das moralische Urteilsvermögen zu verbessern. Dazu zählen das Diskutieren von sozialen Konfliktsituationen (alternatives Reflektieren) im Hinblick auf moralisch wünschenswerte Handlungsweisen, Rollenspiele zu sozialen Konfliktsituationen und wünschenswerten Handlungsweisen (alternatives Handeln) sowie die gleichberechtigte Übernahme von sozialer Verantwortung. Ebendiese Settings könnten auch in der lösungsorientierten Arbeit mit straffällig gewordenen Jugendlichen Anwendung finden.

Zentral für die Interaktion mit straffällig gewordenen Jugendlichen ist die Unterscheidung der Kommunikation in die Modi der Freiwilligkeit und des Zwanges.

Soweit möglich, werden Spielräume der Freiwilligkeit genutzt. In der damit verbundenen Kommunikation im Freiwilligenmodus regt der Sozialarbeiter beispielsweise mittels Fragen den Blick auf Ressourcen und Ziele an. Ziele werden dann vonseiten der Adressaten bestimmt, der Sozialarbeiter enthält sich einer inhaltlichen Positionierung. Die Teilnehmer des sozialen Trainingskurses werden wechselseitig dazu eingeladen, Ressourcen und Ziele zu fokussieren: »Jetzt habe ich verstanden, was du meinst. Wie könnten dich die anderen Teilnehmer der Gruppe unterstützen [= zirkuläre Frage]?« Oder: »Und wann hat sich der andere Teilnehmer anders verhalten, auch wenn es nur ein kleines bisschen anders war [= Frage nach Ausnahmen vom Problem]?«

Andererseits ist der Sozialarbeiter dazu aufgefordert, Erwartungen als Kommunikation im Zwangsmodus zu formulieren. Er formuliert die Ziele und die Ressourcen selbsttätig (als Experte). Dabei werden die Ziele positiv beispielsweise als Wunsch, Erwartung bzw. Forderung des Sozialarbeiters formuliert: »Ich erwarte, dass du im Streit das Gespräch suchst.« Oder: »Ich will, dass du dich an unsere Regeln hältst.« Bzw.: »Ich will, dass du dich meldest, sobald du Hilfe brauchst.«

Grundsätzlich sollten Jugendliche im Rahmen dieses Trainings die Kompetenz erwerben, Ziele zu formulieren, die in Richtung eines friedlichen Umgangs mit Konfliktsituationen weisen. Friedfertigkeit kann als Ausdruck der Souveränität anerkannt und die Weiterentwicklung moralischen Bewusstseins als sinnvoll erachtet werden. Diese Ziele könnten mit der Vorstellung, dass Jugendliche junge Menschen in Entwicklung sind, verbunden werden.

Lösungsorientierte Soziale Arbeit bringt in der Arbeit mit gewaltbereiten Jugendlichen somit Ziele und Mittel als Erwartungen im erzieherischen Sinne in die Begleitung Jugendlicher ein.

Lösungsorientierung beteiligt darüber hinaus straffällige Jugendliche i. S. der Bildungsdimension im Hinblick auf die Aushandlung von Zielen und Mitteln.

4.3 Sozialraum, Netzwerke und Zivilgesellschaft – Bilder aktiver Bürgerinnen und Bürger

> »Über die Nordstadt wird ja viel geredet. Neulich ham se den Supermarkt geschlossen. Wird viel geklaut, ham se gesagt. Lohnt nicht mehr. Und die Bushaltestelle ham se auch demoliert, und die Mülltonnen wurden auch schon wieder abgefackelt. Die Polizei fährt laufend Streife, und bei meinen Nachbarn ham se die Kinder rausgeholt. Ist halt en Drecksquartier. Will ja nichts sagen – aber die Stadt macht hier schon lange nichts mehr.«

Welche kommunikative Orientierung des Sozialraums offenbart die Äußerung des Stadtteilbewohners in dem Gespräch mit einem Bezirkssozialarbeiter? Welche Muster der Kommunikation etabliert der Sozialraum entlang der Unterscheidung Problem-/Lösungsorientierung?

Es geht um mehr als um die Orientierung einzelner Personen, Familien und Organisationen. Es geht um die Frage, ob ein Sozialraum als eigenständiges soziales System denkbar ist, kommunikative Muster herausbilden kann und damit die Orientierung für weitere Kommunikation anbietet und so als Gegenstand lösungsorientierter Sozialer Arbeit betrachtet werden kann.

Vorliegend wird davon ausgegangen, dass die Bezeichnung eines Gebildes als Sozialraum immer darauf basiert, sich dafür und nicht für etwas anderes entschieden zu haben. Sozialraum ist insofern sinnbasiert und die Raumwahrnehmung an einen Beobachter gebunden.

Tacke (2013, S. 149) konstatiert, dass infolge der Fähigkeit zu Systembildung Sinnüberschüsse von Kommunikation zu deren Fortsetzung, also kommunikativen Anschlüssen, verlängert werden können. In eine ähnliche Richtung verweist die von Löw (2001, S. 272) vorgenommene Unterscheidung zwischen »Raum« und »Ort«. Ein Raum ist demnach eine kommunikative Relation, während der Ort das territoriale Gebilde ist. Werden also einem territorialen Gebiet Kommunikationen zugeschrieben, kann von einem Raum gesprochen werden.

Daraus wird zugleich ableitbar, dass ein Sozialraum als Konstrukt je nach Betrachtungsperspektive unterschiedliche Zuschreibungen bzw. Interpretationen (beispielsweise »Wird viel geklaut, ham se gesagt«) erhalten kann. Mit diesen Zuschreibungen bilden sich sozialräumlich identifizierbare Interessen, Chancen oder auch Herausforderungen ab.

Dutra Torres (2013) verweist aus systemtheoretischer Perspektive darauf, dass der Sozialraum eines Individuums entlang verschiedenen Konzepten rekonstruiert werden kann und nennt:

- den zeitlich (wann wird kommuniziert?), sachlich (worüber wird kommuniziert?), sozial (wer kommuniziert?) gegliederten Zusammenhang
- die Entwicklung unter Einschluss der Geschichte von Inklusionen und Exklusionen
- die Internalisierung der vorweggenommenen Inklusionen und Exklusionen als Selbstkonzept (beispielsweise als Ungleichheitserwartung)
- den Raum als unterschiedliche Kopplung von Funktionssystemen
- den Treffraum von Organisationen unterschiedlicher Funktionssysteme.

Im Zusammenhang mit dem Sozialraum wird auch der Netzwerkbegriff, insbesondere in der Diskussion über die Netzwerkarbeit, mitgeführt. So bezeichnet beispielsweise Bestmann (2015) einzelfallunspezifische Arbeit als sozialräumlich orientierte Netzwerkarbeit. Es ist daher naheliegend, den Begriff des Netzwerks näher zu betrachten. Tacke (2013) verweist auf der Grundlage eines systemtheoretischen Verständnisses auf soziale Netzwerke als eine Sozialform, die selektiv selbst erzeugte Gegenseitigkeiten verknüpft. Die Erhaltung von Netzwerken wird durch den Umstand gestützt, dass es heterogene Leistungen sind, die ausgetauscht werden (ebd., S. 145). Denn diese Leistungen sind gerade nicht gegeneinander verrechenbar und können auch nicht umgehend ausgeglichen werden (Gouldner 1960), sodass eine Art übrig bleibender Verpflichtung miterzeugt wird, die, so Tacke (ebd.), das Netzwerk gleichsam als Gewährung eines Kredits über die Zeit bringt und die zugleich Selektivität für zukünftige Anschlüsse herstellt, sei es per kommunikativen Rückgriff (Aktualisierung) oder per Vorgriff (Antizipation). Die zeitliche Überbrückung durch »Kredit« ist gemeint, wenn Netzwerke mit Gegenseitigkeit (Reziprozität) und Vertrauen in Verbindung gebracht werden. Kommunikation in Netzwerken wird somit infolge der Reziprozität der Leistungskommunikation gestützt (ebd., S. 154). Damit bringen sie, die Netzwerke, ein mehr oder weniger spezifisches Leistungsspektrum hervor. Netzwerke beruhen dabei statt auf hierarchischer oder marktwirtschaftlicher Logik auf einer Besonderheit infolge der Merkmale »Vertrauen« und »Reziprozität«.

Es geht in der Bezugnahme lösungsorientierter Sozialer Arbeit auf Sozialräume also darum, Logiken des Sozialraums, wie sie beispielsweise in der Bildung von Netzwerken kommunikativ realisiert werden, ressourcen- und zielorientiert anzuregen. Lösungs- und sozialräumlich orientierte Soziale Arbeit bedient sich dabei u. a. der Konzepte von Sozialraumorientierung und Zivilgesellschaft. Beide Konzepte sollen nachfolgend im Hinblick auf ihren Nutzen für lösungsorientiert-sozialräumliche Arbeit betrachtet werden.

Lösungsorientierte Soziale Arbeit regt gemeinsam mit den personalen und sozialen Systemen vor Ort ressourcen- und zielorientierte Veränderungen an, statt sie auf den Einzelfall reduziert zu personalisieren.

Mit dem von Hinte (vgl. Hinte u. Fehren 2013) entwickelten Konzept der Sozialraumorientierung wird diese Bezugsrichtung nicht zuletzt durch die so benannte einzelfallunspezifische Arbeit als eine die Fallarbeit ergänzende Handlungsdimension konzeptionell und methodisch ausformuliert (vgl. Bestmann 2013). Mit dem Konzept werden soziale Räume als Kommunikationszusammenhang eines sozialen Systems und nicht primär als Ansammlung personaler Systeme betrachtet. Hinte (2007, S. 102 f.) legt daher Wert auf die fachlichen und handlungsmethodischen Implikationen des Begriffs »Sozialraum«.

In der Diskussion über Sozialraumorientierung wurden Prinzipien entwickelt, die, lösungsorientiert-systemisch gewendet (vgl. auch Bestmann 2015), für Soziale Arbeit im Sozialraum Hinweise bieten können. Das 1. Prinzip des Konzepts umfasst insofern in lösungsorientiert-systemischer Provenienz die »Orientierung an den Interessen personaler und sozialer Systeme«. Dabei bildet das Wissen über die Themen der Personen, Familien und Organisationen usw. aus dem Stadtteil eine wichtige Basis. Das Wissen darüber, wie der Stadtteil »tickt«, was ihn ausmacht, führt zu Themen. Im Zusammenhang mit den Themen wird die (Selbst-) Vergewisserung in Bezug auf und über Bedürfnisse und Ziele bedeutsam. Die »Unterstützung von Eigeninitiative und Selbsthilfe« stellt das 2. Prinzip dar. Dies meint die Unterstützung der Menschen, ihre eigenen Potenziale zu aktivieren und zu stärken. Es geht vor allem darum, die Selbstreferenz personaler und sozialer Systeme zu unterstützen. Jede Person, jedes soziale System kann so zu einem Akteur einzelfallunspezifischer Arbeit werden. Damit einher geht das 3. Prinzip, das der »Konzentration auf die Ressourcen«. Dabei wird unterschieden zwischen personalen und sozialen Ressourcen. Ressourcen haben dabei zunächst eher den Charakter eines grundsätzlichen Potenzials. Ihre Wirksamkeit kommt erst dann zum Tragen, wenn einerseits eine Gelegenheit der Verknüpfung zwischen Bedarfslage und Ressource hergestellt wird und andererseits damit einhergehend der potenzielle Nutznießer die Ressource annimmt, wodurch sie im Faktischen aus dem Potenziellen in eine wirkende Ressource transferiert wird. Aus lösungsorientierter Perspektive wird hier neben der Identifizierung die Fokussierung auf Ressourcen personaler und sozialer Systeme als Haltung bedeutsam. Das 4. Prinzip beinhaltet die »zielgruppen- und bereichsübergreifende Sichtweise«. So kann Zusammenarbeit die Steuerungskonstruktionen verschiedener Fachbereiche, Verwaltungsämter, Zuständigkeitsbereiche, Handlungsfelder etc. näher mit denjenigen eines Stadtteils verknüpfen.

Die funktionale Zergliederung der Lebenswelten in Aufgabenbereiche, Ämterstrukturen etc. ist ein lebensweltferner Versuch kommunaler Steuerungsprozesse, der durch einen sozialraumorientierten Ansatz nicht reproduziert, sondern aufgrund der subjektorientierten Ausrichtung dekonstruiert und in integrativer Kooperation und Koordination als 5. Prinzip schließlich nutzbar gemacht wird (Bestmann 2015, S. 65).

Kommunikation stellt die Grundlage sowohl für das Handeln Sozialer Arbeit als auch für das soziale Leben in einem Gemeinwesen insgesamt dar. Im Kontext einzelfallunspezifischer Arbeit werden lösungsorientierte Kommunikationszusammenhänge ermöglicht.

Sozialraumorientierung wird nicht zuletzt als behördliche Steuerungsgröße und somit für kommunale Planung bedeutsam. Komplementär zu dem Konzept der Sozialraumorientierung bietet sich das Konzept der Zivilgesellschaft als kommunikativer Rahmen für politische Teilhabe im Sozialraum an:

> »Insbesondere die Überlegungen zu Demokratisierung und Teilhabe, Selbstverantwortung und Politisierung des Gemeinwesens begründen auch ein Plädoyer für die sozialräumliche Regionalisierung und Entspezialisierung Sozialer Dienste« (Marquard 2004, S. 120).

Sozialräumliche Soziale Arbeit lässt sich also mit sozialarbeiterischer Kommunikation über zivilgesellschaftliche Bilder verknüpfen.

Innerhalb der sozialpädagogischen Debatte sind die jeweils favorisierten Programme gesellschaftlicher Aktivierung nicht als homogen zu identifizieren, sondern lassen sich – nach Kessl (2011, S. 1769) – drei Positionen zuordnen: erstens als Strategien der Individualisierung, zweitens der Demokratisierung und drittens der Vergemeinschaftung. Die nun anschließenden Ausführungen folgen der von Kessl vorgeschlagenen Unterscheidung.

Das Paradigma der Individualisierung betont, so Kessl (ebd.),

> »primär die Notwendigkeit individueller Freiheit und deren Aktivierung gerade auch mit Blick auf deren überzogene wohlfahrtsstaatliche Beschränkung«.

Hinsichtlich der stetig wachsenden Anforderungen und Bedarfe verfolgt der Staat schon lange keine expansive Wohlfahrtspolitik mehr. Insofern betonen Konzeptionen eines »aktivierenden« oder »ermöglichenden« Staates, so Kessl weiter, dass sozialpädagogische Interventionsmaßnahmen nicht mehr auf die Versorgung »Bedürftiger« beschränkt werden können. Die Strategie der Aktivierung reicht zunehmend bis in die Mitte der Gesellschaft (vgl. Castel 2008). Die Relation zwischen »Rechten und Pflichten« müsse neu austariert und die Eigenverantwortung der Nutzerinnen und Nutzer öffentlicher Dienstleistungsangebote aktiviert werden, so Kessl. Eine solche Aktivierung zivil- bzw. bürgerschaftlichen Engagements soll eine Ergänzung bisheriger wohlfahrtsstaatlicher Unterstützungsleistungen ermöglichen, die angesichts der Herausforderungen einer globalisierten Gesellschaft ansonsten nicht mehr zu erbringen seien. Kessl fordert in Anlehnung an Warnfried Dettling (2000, S. 47 ff.) infolge dieser veränderten »Landschaft der Solidarität« einen neuen Gesellschaftsvertrag. Leitbild müsse die »Idee einer aktiven Bürgergesellschaft« sein (Kessl 2011, S. 1770). Im Unterschied zum langjährigen wohlfahrtsstaatlichen Konsens – des Versprechens eines gemeinschaftlichen Schutzes gegen menschliche Notlagen – sei der Einzelne im modernen wohlfahrtsstaatlichen Konzept auf private Schutzräume verwiesen (ebd., S. 1771).

Die Position der Individualisierung setzt weniger Befähigung und pädagogische Begleitung in den Vordergrund und stattdessen mehr die Abkehr des Staates aus wohlfahrtsstaatlicher Verantwortung. Strategien einer Demokratisierung des bestehenden Systems erfolgen entweder im Sinne einer Verstetigung von Beteiligungsformen innerhalb sozialpädagogischer Organisationen oder einer Aktivierung der Gesellschaftsmitglieder hinsichtlich des Grades ihrer Beteiligung an öffentlichen Angelegenheiten (ebd., S. 1769). Als zentral erachtet Ziegler (2001, S. 18) für die Sozialraumorientierung, die Wohnbevölkerung gerade wegen ihrer Ausgrenzung aufgrund der Ungleichverteilung unterschiedlichster Kapitalien in eine stärkere Diskursposition innerhalb eines Gemeinwesens im Sinne einer »emanzipatorischen Stoßrichtung« (ebd., S. 22) zu versetzen.

Im Unterschied dazu und für die Demokratisierung der Organisationen in der Sozialen Arbeit ungleich relevanter betont beispielsweise Andreas Schaarschuch (1998, S. 234 ff., zit. nach Kessl 2011, S. 1770), Demokratie solle über die Gemeinwesenorganisation hinaus als »Lebensform« in den unterschiedlichsten Lebensbereichen institutionalisiert werden.

> »Für die Felder Sozialer Arbeit folgert er [Schaarschuch] daher, dass die sozialen Dienste ›unter der Einbeziehung ihrer

> Nutzer als Bürger‹ selbst einem Demokratisierungsprozess unterzogen werden müssten, wozu keineswegs eine Reduzierung der Rechtsposition der Nutzer, sondern vielmehr deren Stärkung vonnöten sei« (Kessl 2011, S. 1770).

Vergemeinschaftung, als dritte schließlich von Kessl benannte Position, zielt auf die Aktivierung zivilgesellschaftlicher Gemeinschaften, die von aktiv handelnden Personen begründet werden. Außenseiterpositionen stellen in dem Zusammenhang Konzeptionen einer angeordneten Vergemeinschaftung dar, wie sie u. a. der Kommunitarismus fordert (z. B. Etzioni 1995). Mit der Position der Vergemeinschaftung verbindet Kessl vor allem Formen der Teilhabe oder, auch weiter gehend, die Ermöglichung von Teilhabemacht.

Über die Anregung personaler Systeme hinaus ermöglicht lösungsorientierte Soziale Arbeit die ressourcen- und zielorientierte Anregung sozialer Systeme. Die klassische Dreiteilung sozialer Systeme in Interaktion, Organisation und Gesellschaft erweiternd, können weitere soziale Systeme, beispielsweise das des Sozialraums, unterschieden werden. Damit können sie als »Systeme in Entwicklung« zum Gegenstand Sozialer Arbeit werden.

4.4 Ein Plan für Michel

Der 14-jährige Michel ist vor drei Monaten von zu Hause fortgelaufen und hält sich bei seinen Freunden im Umfeld des Kölner Hauptbahnhofs auf. Von dort ruft er seinen ASD-Sozialarbeiter K. im 100 km entfernten Landkreis an und bittet ihn um eine Zugfahrkarte, damit er die örtliche Jugendschutzstelle aufsuchen kann. Nachdem er dort geduscht, gegessen und übernachtet hat, macht er sich wieder auf den Weg zu seiner Peergroup im Bahnhofsmilieu. Das Angebot der Unterbringung in einer Heimeinrichtung lehnt er zuvor ab. K. ärgert sich über den Jugendlichen. Nach einiger Zeit fragt Michel dann wegen betreuten Wohnens bei K. an. Der äußert, dass bei Michel keine ausreichende Mitwirkungsbereitschaft festgestellt werden könne.

Die Interaktion zwischen dem Jugendlichen und dem Bezirkssozialarbeiter ist von einer problembezogenen Deutung überlagert.

Nach Wiesner (2006, S. 413) ist im Rahmen der Hilfeplanung gemäß § 36 SGB VIII die Feststellung von Faktoren maßgeblich, welche die Entwicklung des einzelnen Kindes oder Jugendlichen belasten, sowie die mangelnde Fähigkeit der Eltern, Kinder und Jugendlichen, diese belastenden Faktoren aus eigener Kraft zu bewältigen. Wiesner (ebd.) eröffnet jedoch auch eine, nachgeordnete, ressourcenorientierte Perspektive:

> »Neben den personalen und strukturellen Schwächen sind aber auch die vorhandenen Stärken (Ressourcen) herauszustellen. Zwar bedarf es einer Darstellung der Mangelsituation als Voraussetzung für die Gewährung öffentlicher Hilfe, gleichzeitig wird der Hilfeprozess an den jeweiligen Ressourcen ansetzen.«

Wiesners Argumentation verweist auf ein traditionelles Verständnis von Anamnese, Diagnostik und Intervention. Es wird der Anschein erweckt, als könne die Orientierung im Hilfeprozess losgelöst von der zuvor erfolgten Defizitdiagnostik entlang einer ressourcenorientierten Sichtweise erfolgen. Tatsächlich erhalten die Sorgeberechtigten zu Beginn des Hilfeprozesses den Hilfeplan und damit Ergebnisse aus der defizitorientierten Diagnostik. Und diese Schilderung der Mängellagen kann ihre Wirkung bereits in zwei Richtungen entfachen: im Hinblick auf Haltungen sowohl der Bezirkssozialarbeiter als auch der Adressaten von Hilfen zur

Erziehung. Diagnostik impliziert somit bereits Merkmale der Intervention.

Diese gesetzlich geforderte Orientierung an Mängellagen trifft in den Jugendämtern auf Strategien der Kostenreduzierung. Daraus entsteht aufseiten der Bezirkssozialarbeiter wiederum ein Wettbewerb um die Schilderung möglichst gravierender Defizitsituationen zu dem Zweck, jugendamtsinterne Fallberatungen in Richtung einer Hilfegewährung zu forcieren.

Die Bezirkssozialarbeiter sind mithin sowohl vonseiten des Gesetzgebers als auch infolge organisationsinterner Logiken zu einer Defizitdiagnostik aufgefordert.

Dieser Kreislauf führt wiederum sowohl zu einer Erschwerung des Hilfeprozesses als auch zu daraus resultierenden Kostensteigerungen.

Es gilt daher, die Jugendämter zumindest von einer Verschiebung des Schwerpunkts der Betrachtung sensu Ressourcenorientierung und einem »Wettlauf« um die Identifikation von Ressourcen zu überzeugen.

Konzepte lösungsorientierter Hilfeplanung wurden von Landes und Weigel (2015) und Bestmann (2015) vorgestellt. Während das Konzept von Landes und Weigel an das Phasenmodell lösungsorientierter Beratung von Bamberger angelehnt ist, verknüpft Bestmann Merkmale der Lösungs- mit solchen der Sozialraumorientierung.

Nach Landes und Weigel (2015) verweist insbesondere die Verbindung der Hilfeplanung mit Zielen, die sowohl Aussagen zu Wirkungen als auch eine zeitliche Dimensionierung infolge unterschiedlicher Zielausprägungen ermöglichen, auf einen Zusammenhang, der in Formen der lösungsorientierten Beratung ähnlich angelegt ist. Obwohl das Hilfeplanverfahren seit Bestehen des Kinder- und Jugendhilfegesetzes beispielsweise im Zusammenhang mit sozialpädagogischer Diagnostik qualifiziert worden sei, bestimme die Abbildung als problematisch wahrgenommener Bereiche des Familienlebens die Phase der Fallerkundung. Infolge der Fokussierung auf Probleme entstehe in vielen Modellen ein »problem talk«, der die Hilfeplanung begründe. Stattdessen schlagen die Autoren vor, die einzelnen Phasen der Hilfeplanung als Falleingang, Fallerkundung, Hilfeeinleitung, Hilfeverlauf mit Hilfeplanüberprüfung und Hilfeende an den von Bamberger (2010, S. 86 ff.) vorgeschlagenen Verfahren einer lösungsorientierten Beratung zu orientieren.

Die gemeinsame Entwicklungsarbeit an Zielen spiegelt sich nach Vorschlag von Landes und Weigel (2015) im *Falleingang* in der zentralen Einstiegsfrage: »Was sollte hier passieren, damit Sie am Ende sagen können, die Zusammenarbeit hat sich gelohnt?« Mit der Zielorientierung im Gespräch wird der Falleingang/Erstkontakt zur entscheidenden Weichenstellung für den weiteren Verlauf der Hilfegestaltung bzw. der Zusammenarbeit zwischen Fachkraft und Klient.

In den meisten Sozialen Diensten wird der Prozessschritt der *Fallerkundung* »diagnostisch« gestaltet, entweder über unterschiedliche Formen des Fallverstehens oder als Anamnese, was im Grunde einer weiteren Problemvertiefung entspricht. Lösungsorientierte Beratung fokussiert stattdessen in dieser Phase auf das Finden von Lösungen. Es geht dabei um die Entwicklung der attraktiven Vorstellung eines zukünftigen Zustands, der neue Möglichkeiten aufzeigt.

Während in der Fallerkundung Lösungsperspektiven als Ober- und Mittlerziele (sie sind als Zieldimensionen Standard in der Ausbildung Sozialer Arbeit) erarbeitet wurden, erfolgt in der *Hilfeeinleitung* der Wechsel zu konkreten Handlungsansätzen, die sich in der Auswahl und Einleitung einer entsprechenden Hilfe niederschlagen. Es geht um die

Transformation der erarbeiteten Ober- und Mittlerziele in Handlungsziele, was eine spezifische Kooperation mit den Leistungsanbietern erfordert.

Die Hilfeplanfortschreibungen dienen der Reflexion des *Hilfeplanverlaufs und seiner Prüfung* und vor allem der Kontrolle der Zielerreichung bzw. der Lösungswirksamkeit. Im Zentrum steht das Hilfeplangespräch, an dem alle Beteiligten auf die Frage fokussiert sind, welche förderlichen Veränderungen stattgefunden haben. Es geht um die konsequente Frage nach Verbesserungen, aus denen sich idealerweise neue Lösungsverschreibungen bzw. Ziele ergeben.

Die letzte Phase, das *Hilfeende*, dient der Stabilisierung des Erreichten (vgl. ebd., 94 ff.).

Eine weitere Vorgehensweise, die mit dem Merkmal Lösungsorientierung assoziiert wird, ist das mittels Sozialraumbudget gesteuerte Programm der Sozialraumorientierung. Mit dem von Hinte (2007) entwickelten Konzept der Sozialraumorientierung wird nicht zuletzt der Sozialraum als Steuerungsgröße für kommunale Planungsprozesse bedeutsam (vgl. auch Hinte u. Treeß 2007, S. 30). Das Konzept wird an einigen Orten mit dem Finanzierungssystem des Sozialraumbudgets verbunden, das als pauschales und raumbezogenes Abrechnungsverfahren (Budde u. Früchtel 2011) in der Kinder- und Jugendhilfe hauptsächlich die Einzelfallfinanzierung über Tagessätze und auch Fachleistungsstunden ersetzen kann. Die Debatte über das Sozialraumbudget wurde den öffentlichen Trägern der Kinder- und Jugendhilfe im KGSt-Bericht 12/1998 vorgeschlagen und ist Teil der Diskussion über Veränderungen in diesem Handlungsfeld der Sozialen Arbeit. Formen der Einzelfallfinanzierung in der Kinder- und Jugendhilfe und hier insbesondere in den Hilfen zur Erziehung stehen konträr zu zentralen fachlichen Zielen des SGB VIII. Budde und Früchtel (2011) nennen insbesondere die Vermeidung von Hilfen zur Erziehung, die Nutzung von Ressourcen des sozialen Umfeldes, die Eigeninitiative der Betroffenen. Demgegenüber lege die Einzelfallfinanzierung dem Hilfeträger eine möglichst intensive und lange Bearbeitung des Einzelfalles nahe. Mit dem Sozialraumbudget übernehmen freie Träger die Verantwortung für die Versorgung eines geografischen Raumes als Sozialraumes, und das Sozialraumbudget umfasst in der Regel das trägerseitig zur Verfügung stehende finanzielle Volumen für Hilfen zur Erziehung, die von Leistungsberechtigten in Anspruch genommen werden. Mit dieser finanziellen Ausstattung erbringen die freien Träger für den Sozialraum neben Hilfen zur Erziehung weitere Hilfen, die einer Aktivierung der Ressourcen des Sozialraums dienen. Dazu wird im Rahmen sogenannter fallunspezifischer Arbeit wohnort- und lebensweltnahe präventive soziale Arbeit geleistet. Der finanzielle Anreiz besteht darin, dass die freien Träger im Falle einer Budgetunterschreitung die übrig gebliebenen Mittel beispielsweise für fallunspezifische Arbeit einsetzen können.

Im Zusammenhang mit der Einführung von Sozialraumbudgets wird vonseiten der Kritiker dieser Finanzierungsform beispielsweise eine Einschränkung des Wunsch- und Wahlrechts der Leistungsberechtigten und die gestärkte Definitionsmacht des für einen sozialen Raum tätigen Trägers gegenüber Jugendamt und den Leistungsberechtigten moniert. Darüber hinaus orientiere sich beispielsweise die Bewertung von Geeignetheit und Notwendigkeit einer Hilfe an dem Nutzen für den Träger statt an dem individuellen Bedarf im Einzelfall (vgl. Höllmüller 2014).

Die Kritik von Conen et al. (2014) geht in eine ähnliche Richtung, wenn darauf verwiesen wird, dass Zielvereinbarungen und Ressourcenorientierung als Leitideen mit betriebswirtschaftlichen Prinzipien wie Wettbewerb, Steuerung und Kontraktmanagement eingeführt wurden. Äußeres Merkmal seien beispielsweise eine Ressourcenorientierung mittels »stanzenhaft vorgegebener Checklisten«, ein Lösungsverhalten, das im Problemverhalten keine Lösungsidee erkennt, und Lösungsideen, die sich hauptsächlich an den Vorstellungen der Fachkräfte orientieren.

Die Kritik an lösungsorientierten Vollzügen der Hilfeplanung verweist darauf, dass lösungsorientierte Soziale Arbeit auch die Aufgabe wahrnehmen sollte, Organisationen (beispielsweise das Jugendamt) dazu anzuregen, Kontextbedingungen bereitzustellen, die für die Entwicklung personaler und sozialer Systeme förderlich sind. Ziele als zentrales Element lösungsorientierter Sozialer Arbeit müssen an der Stelle die Form von Werten annehmen. Diese Kontextbedingungen tragen beispielsweise Kennzeichen von Solidarität und Gerechtigkeit (vgl. auch Abschn. 3.5). Im Rahmen der Planung bei den Hilfen zur Erziehung setzt sich lösungsorientierte Soziale Arbeit beispielsweise für ein Aufwachsen junger Menschen bzw. für eine Entwicklung von Familien in sozialer Verantwortung ein (Bundesministerium für Familie, Senioren, Frauen und Jugend 2014).

Lösungsorientierte Soziale Arbeit ist somit vor dem Hintergrund grundsätzlicher fachlicher Prinzipien zu leisten, die sich beispielsweise entlang den Begriffen »Technologiedefizit«, »Partizipation« und »situative Intelligenz« ausweisen lassen. Gemäß der Systemtheorie sensu Luhmann sind Systeme »operational geschlossen«. Daraus folgt, dass erzieherisches Handeln nicht über solche Technologien verfügen kann, die es einem personalen System (dem Experten) ermöglichen, ein anderes System (den Klienten) sicher von einem Zustand A zu einem Zustand B zu bringen (vgl. Galuske 2011, S. 60; Luhmann u. Schorr 1979). Hilfeplanung hat damit anzuerkennen, dass Professionelle nach Möglichkeit nicht allein die Ziele der Hilfe bestimmen sollten (Partizipation) und diese Ziele darüber hinaus situativ angepasst werden müssen (situative Intelligenz).

Aus der Forderung nach der Orientierung an genuin sozialarbeiterischen Merkmalen ergeben sich nicht zuletzt Anforderungen an die Organisation der Jugendämter. Jugendämter als Verwaltungen und damit Teil des politischen Systems haben zwar Kollektivgüter bereitzustellen und zu sichern (Scherzberg 2006, S. 9) und können für die Soziale Arbeit wichtige Funktionen erfüllen (Bereitstellung/Sicherung). Verwaltungen können dabei jedoch nicht einfach als »neutraler Verwalter« betrachtet werden, sondern unterliegen in der Hauptsache politischer Rationalität und sind darüber hinaus hierarchisch strukturiert. Soziale Arbeit sollte sich daher infolge der Eigenlogik von Verwaltungen nicht darauf verlassen, dass diese »einfach« die fachlichen Kriterien Sozialer Arbeit (Partizipation, Anteile situativen Handelns) erfüllen, sondern dass diese Kriterien immer wieder neu verhandelt und erstritten werden müssen.

Neben der Kopplung mit Verwaltungen finden ebenfalls Kopplungen Sozialer Arbeit mit dem Wirtschaftssystem statt. Kleve (2015, S. 122 ff.) beschreibt die Wirtschaft als System der Knappheitsregulation und konstatiert für Soziale Arbeit die knappen Ressourcen »Zeit« und »Aufmerksamkeit«. In der Kinder- und Jugendhilfe werden laut Kleve infolge der Finanzierungssystematiken »Tagessatz« und »Fachleistungsstunde« (ebd., S. 122 ff.) Fehlanreize gesetzt. Stattdessen könne eine Regulation in der Weise erfolgen, dass Selbsthilfetätigkeit und Selbstverantwortung der Klienten gestärkt werden (ebd.).

Kleve (ebd.) empfiehlt in dem Zusammenhang erstens ein Adressatenbudget, mit dem der Klient auf dem Markt die Leistung aussucht, und zweitens ein erfolgsorientiertes

Finanzierungsprinzip auf der Basis des Kontraktmanagements.

Lösungsorientierte Soziale Arbeit hat monetäre Anreize, die zu einem Wettbewerb der Anbieter motivieren, daraufhin zu prüfen, inwiefern sie die Ziele der Sozialen Arbeit (u. a. Solidarität und Gerechtigkeit, Kindheit und Jugend in öffentlicher Verantwortung) unterstützen. Eine Zielorientierung nach eigenen fachlichen, sozialarbeiterischen Kriterien ist für die Autonomie Sozialer Arbeit zuträglich. Kopplungen mit anderen gesellschaftlichen Teilsystemen können die Soziale Arbeit zwar in ihrer Funktionserfüllung unterstützen. Dabei sollte Soziale Arbeit jedoch in der Lage sein, selbst zu entscheiden, welche Kopplungen hilfreich sind. Sozialarbeiterische Fachlichkeit benötigt somit Schutz vor zu engen Kopplungen an die Logiken anderer gesellschaftlicher Teilsysteme. Soziale Arbeit kann sich dabei nicht allein auf die Unterstützung anderer Teilsysteme (beispielsweise des Rechts) verlassen, sondern muss den Schutz selbst organisieren.

4.5 Beobachtung des Eigenen

Kaffeepause in einem kommunalen Jugendamt. Vier Fachkräfte aus einem Team der Bezirkssozialabeit unterhalten sich mit zwei Berufspraktikantinnen über ihre beruflichen Erfahrungen vor Aufnahme des Studiums der Sozialen Arbeit. »Bürokauffrau – ja, damals habe ich noch etwas Ordentliches gelernt. Da wusste ich abends, ob ich den Tag über erfolgreich gearbeitet habe. Hier machen die Klienten am Ende eh, was sie wollen.«

Welche alternativen Bilder von Sozialer Arbeit können in Interaktion und Organisation reflexiv erzeugt werden? Was ist *das Eigene* Sozialer Arbeit, und welche Diskurse befördern die Behauptung des Eigenen?

Die nachfolgenden Ausführungen gehen von der Prämisse aus, dass Sozialarbeiter und Sozialarbeiterinnen gegenüber Außenstehenden hinreichend deutlich machen sollten, was ihre spezifische Kompetenz darstellt, sodass ein Unterschied deutlich wird zwischen beruflicher Sozialer Arbeit und Funktionen, wie sie in Familien und von Vertretern und Organisationen anderer Funktionssysteme ausgefüllt werden.

Die Etablierung des Eigenen und der damit verbundenen Autonomie wird entlang von Merkmalen gesellschaftlicher Funktionssysteme diskutiert. Für die Ausweisung eines autonomen gesellschaftlichen Funktionssystems ist im Kern die Bearbeitung eines eigenen Themas relevant, das in anderen Funktionssystemen maximal am Rande Beachtung findet.

Es gibt einige Hinweise (Lambers 2010, S. 132) darauf, dass sich die Themen »Exklusion/Inklusion« als Gegenstand Sozialer Arbeit etablieren. Andere Bereiche, wie z. B. Politik, Recht und Wirtschaft, sind bei der konkreten Bearbeitung der Inklusions- und Exklusionsthemen des Menschen nicht oder nur am Rande beteiligt, denn im Kern folgen die jeweiligen Funktionssysteme ihren jeweils eigenen Aufgabenstellungen. Inklusions- und Exklusionsthemen sind für diese Funktionssysteme jedoch nachgeordnet. Funktionssysteme in- und exkludieren zwar personale und soziale Systeme, sehen sich jedoch nicht in der Pflicht, die mit diesen Prozessen einhergehenden Folgen zu regulieren.

Moderne Gesellschaften haben stattdessen eigene Funktionssysteme und Organisationen für die Bearbeitung von Inklusions- und Exklusionsthemen herausgebildet. Sie fallen in die Zuständigkeit der Bereiche »Medizin«, »Bildung« und »Soziale Arbeit«. Lambers (ebd., S. 112) verweist darauf, dass sich Soziale Arbeit von Medizin und Bildung infolge einer unspezifischen Form des Helfens abgrenzt. Das bedeutet, dass die Gegenstandsbestimmung Sozialer Arbeit auf einer allgemeinen, abstrakten Ebene gelingt. Daher versuchen die an der Feststellung der Hilfebedürftigkeit Beteiligten, so Lambers (ebd.) weiter,

> »mittelbar durch Auseinandersetzungen (Kommunikation) in den unterschiedlichsten sozialen Feldern sich darüber zu verständigen, was Hilfsbedürftigkeit ist«.

Auch Winkler (1988, S. 73) verweist darauf, dass Soziale Arbeit von ihren Entstehungsbedingungen her immer schon eine reflexiv gebildete Praxis ist. Diese reflexive Praxis bezieht sich auf Inklusions- und Exklusionsthemen als ihren Gegenstand. Erst infolge dieser reflexiven Praxis werden Leistungen in der Sozialen Arbeit ausgelöst. Beispielhaft seien an dieser Stelle die Hilfen zur Erziehung gem. §§ 27 ff. SGB VIII und die damit verbundene Hilfeplanung genannt.

In einem ersten Schritt kann also festgehalten werden, dass die reflexive Bearbeitung von nicht generalisierbaren Inklusions- und Exklusionsthemen *zum Eigenen* Sozialer Arbeit zählt. Diese Tatsache hat dazu geführt, dass Sozialarbeiter über kommunikative Kompetenzen verfügen, die sich in komplexen, durchaus konflikthaften Situationen bewähren können.

Dadurch, dass der Code »helfen/nicht helfen« nicht eindeutig operationalisierbar ist, verfügt Soziale Arbeit einerseits über keine inhaltlichen Kriterien für ihr Tätigwerden als Helfende oder ihr Nichttätigwerden als Nichthelfende. Organisationen Sozialer Arbeit verschaffen sich andererseits selbst

> »die Freiheit zur Bestimmung von Hilfsbedürftigkeit und die Festlegung von Kriterien für Hilfe und Nichthilfe (Lambers 2010, S. 121).

Die aus der reflexiven Pflicht begründete Aufgabenstellung führt gleichzeitig zu einer autonomen Selbstbestimmtheit des Funktionssystems Soziale Arbeit. Triebkraft für diese Entwicklung war beispielsweise seit Anfang der 1990er-Jahre das sozialarbeiterisch-fachlich ausgerichtete SGB VIII für den großen Handlungsbereich der Kinder- und Jugendhilfe.

Es ist infolgedessen Lambers zu widersprechen, der Soziale Arbeit keine exklusive Zuständigkeit in der Festlegung von Hilfebedürftigkeit und Hilfeanspruch zugesteht, da dies vielmehr im Rechtssystem geschehe (ebd., S. 122).

Neben der reflexiven Bearbeitung nicht generalisierbarer Inklusions- und Exklusionsthemen wird die Vielseitigkeit im psychosozialen Feld als besonderes Merkmal Sozialer Arbeit hervorgehoben.

Soziale Arbeit ist laut Lambers (2010) nicht zuletzt als eine autonome Profession zu bezeichnen, da sie quer zu allen gesellschaftlichen Funktionssystemen liegt (ebd., S. 132). Soziale Arbeit kann demzufolge als sekundäres Funktionssystem bezeichnet werden, das Inklusions- und Exklusionsfolgen der primären Funktionssysteme bearbeitet. Andererseits kann diese Querstellung auch infolge der Vielseitigkeit Sozialer Arbeit festgestellt werden. Herwig-Lempp (2012) bezeichnet Soziale Arbeit denn auch in eigenem, bildhaften Duktus als »Königsdisziplin im psychosozialen Feld«. Er vergleicht Sozialarbeiter mit Zehnkämpfern und Siebenkämpferinnen in der Leichtathletik:

> »Sie beherrschen eine ganze Reihe an Disziplinen (Laufen, Springen, Werfen – in unterschiedlichen Ausgestaltungen), ohne es in einer einzelnen zur Perfektion zu bringen: Ihre besondere Stärke liegt gerade in der Multidisziplinarität, ihrer Vielseitigkeit – und der Siebenkampf (bei Frauen) und der Zehnkampf (bei Männern) gelten gerade aus diesem Grund als die Königsdisziplinen« (ebd., S. 55).

In systemischer Hinsicht kann hier von einer Profession gesprochen werden, deren besondere Stärke darin liegt, dass sie *auch* eine Metaebene zu anderen Disziplinen und Berufen einnimmt. Dieser Gedanke schließt an Kleves Bestimmung der Sozialen Arbeit als »Profession ohne Eigenschaften«, eine postmoderne Beschreibung, an. Vorliegend wird Herwig-Lempp (2012, S. 56) zugestimmt, der konstatierte, dass es für die Praxis und in der Öffentlichkeit nur schwer vermittelbar sei, das professionelle Identitätsmodell negativ durch das Nichtvorhandensein von etwas zu beschreiben.

Die mit einer Autonomie eines gesellschaftlichen Funktionssystems verbundene Zielorientierung an eigenen fachlichen Kriterien muss von der Sozialen Arbeit laufend gegenüber Ansprüchen anderer Funktionssysteme behauptet werden.

Wie bereits ausgeführt (Abschn. 4.4), darf sich Soziale Arbeit infolge der Eigenlogik von Verwaltungen (vgl. politisches System) und Wirtschaft nicht darauf verlassen, dass diese »einfach« die fachlichen Kriterien Sozialer Arbeit (Partizipation, Anteile situativen Handelns) erfüllen, sondern diese Kriterien müssen immer wieder neu verhandelt, erstritten usw. werden.

Diese Anforderung an Soziale Arbeit muss bereits in der Profilbildung und Auseinandersetzung mit den Bezugswissenschaften bei der Ausbildung in Sozialer Arbeit an den Hochschulen präsent sein.

5 Kritik lösungsorientierter Sozialer Arbeit

Die Ideen der Lösungsorientierung haben im deutschsprachigen Raum seit Ende der 1980er-, Anfang der 1990er-Jahre insbesondere in der Schweiz in die Praxis Sozialer Arbeit Einzug gehalten. Beispielhaft sei an dieser Stelle das Engagement der Eheleute Baeschlin für lösungsorientierte stationäre Heimerziehung genannt. Die Eheleute Baeschlin wurden in ihrer Arbeit für Jugendliche auch von Insoo Kim Berg und Steve de Shazer beraten. Eine erste kritische Auseinandersetzung mit lösungsorientierter Sozialer Arbeit fand in der Schweiz und dann auch in Österreich (Pantucek) und Deutschland (Geiling) in den 2000er-Jahren statt. Nicht zuletzt Staub-Bernasconi hat in der Angelegenheit mit ihren Arbeiten Position bezogen. Nachfolgend sollen Hauptlinien der Kritik lösungsorientierter Sozialer Arbeit skizziert und reflektiert werden.

Die Kritiker lösungsorientierter Sozialer Arbeit stellen heraus, dass sich Soziale Arbeit infolge des Bezugs auf soziale Probleme legitimiere. So verortet beispielsweise Pantucek (2005) die Problemdefinition im unmittelbaren Zusammenhang mit der Auftragslegitimation sozialarbeiterischen Handelns. Auch Gregusch (2005) sieht die zentrale Aufgabe der Sozialen Arbeit in einer »Veränderung von sozialen Problemen«. Die Autoren nehmen nach vorliegender Auffassung eine einseitige Gegenstands- und Funktionsbeschreibung vor, die soziale Probleme zentral stellt. Die im Rahmen lösungsorientierter Sozialer Arbeit vorgenommene Gegenstandszuweisung »Entwicklung personaler und sozialer Systeme« (siehe Abschn. 2.3) markiert demgegenüber eine mögliche Alternative zu der von Pantucek und Gregusch vorgenommenen Problemzentrierung.

Mit einer weiteren Argumentationslinie wird darauf verwiesen, dass ein Lösungs- und Ressourcenbezug nur mit zuvor getätigter Problembetrachtung zu realisieren sei. Bevor eine Ressourcenperspektive eingenommen werden könne, so Gregusch (2005), müsse aus einer Problemdefinition abgeleitet werden, auf welche Ressourcen das Hauptaugenmerk gelenkt werden soll. Und nach Pantucek (2005) kann es Lösungen nur für Probleme geben, die zuvor vonseiten des Klienten definiert wurden. Tatsächlich können Ziele im Rahmen lösungsorientierter Sozialer Arbeit durchaus als Alternative zu vonseiten des Klienten bezeichneten Problemen formuliert werden. Lösungsorientierung arbeitet also mit Problembezeichnungen, die vonseiten beispielsweise eines Klienten angeboten werden, verzichtet jedoch auf eine Problemanalyse. Darüber hinaus arbeitet Lösungsorientierung mit Zielen, die keinen Zusammenhang mit bezeichneten Problemen aufweisen. Die Thematisierung von Problemen ist somit keine Voraussetzung für lösungsorientierte Soziale Arbeit.

Lösungsorientierter Sozialer Arbeit wird darüber hinaus vorgehalten, soziale Problemlagen auszublenden. Staub-Bernasconi (2008) vermisst bei der reinen lösungsorientierten Arbeit die »Diagnose der realen Situation von AdressatInnen«. Lösungsorientierte Soziale Arbeit verweist demgegenüber darauf, dass die »Diagnose der realen Situation« als Problemdiagnostik bereits Wirkung im Sinne einer Problemtrance zeigen kann und präferiert stattdessen eine Konzentration auf Alternativen zu einer Problembeschreibung. Lösungsorientierung arbeitet also durchaus mit dem Thema, das vonseiten des Klienten beispielsweise als Problem bezeichnet wurde.

Die Aufgabe der Veränderung sozialer Probleme kann darüber hinaus laut Gregusch (2005) nicht mit einer »Bildverbesserung« im Inneren der Person erfüllt werden. Dem ist entgegenzuhalten, dass lösungsorientierte Soziale Arbeit dezidiert auf personale und soziale Systeme Bezug nimmt. Lösungsorientierte Soziale Arbeit stellt die Frage, wie beispielsweise soziale Systeme (ein Sozialraum, eine Organisation u. a.) angeregt werden können, einen Kontext zu gestalten, der für Personen (beispielsweise Jugendliche) und soziale Systeme (beispielsweise Familien) förderlich ist.

Lösungsorientierung wird außerdem ein Modus verminderter Beteiligung der Adressaten vorgehalten. Gregusch (2005) vermutet eine verminderte Beteiligung der Adressaten am Beratungsprozess, sobald die Problemdefinition/-analyse ausbleibt. Lösungsorientierte Begleitung personaler und sozialer Systeme findet jedoch tatsächlich mittels einer Anliegen- und Auftragsklärung statt. Im Rahmen dieser Klärung wird das Anliegen häufig vonseiten der Klienten problembezogen vorgetragen. Die Klienten erhalten also durchaus die Möglichkeit zu »klagen«. Es findet jedoch keine vonseiten der Sozialen Arbeit angeregte Vertiefung des Klagemodus i. S. einer Problemanalyse statt.

Staub-Bernasconi (2008) sieht in der Lösungsorientierung den »Vertrauensaufbau und die Beziehungsgestaltung als sozialpsychische Grundlage« gefährdet. Dem ist entgegenzuhalten, dass lösungsorientierte Soziale Arbeit durchaus die Schwere der Aufgabe anerkennt. Das Leben ist laut Vertretern lösungsorientierter Sozialer Arbeit oftmals nicht leicht bzw. mit schweren Aufgaben verbunden; deshalb wird im Rahmen lösungsorientierter Sozialer Arbeit diese Schwere auch verbalisiert und anerkannt, ohne dass das vonseiten der Klienten bezeichnete Problem i. S. einer Analyse vertieft würde.

Pantucek (2005) stellt im Hinblick auf lösungsorientierte Soziale Arbeit die rhetorisch erscheinende Frage, ob es eine

Pflicht gebe, »gut gelaunt« zu sein. Er sieht die Gefahr, »dass die Sozialarbeit so etwas wie ein Konzept des guten Lebens und der richtigen Lebensführung« diktiert. Klienten müssten demgegenüber aus ethischen Gründen (Code of Ethics) die Möglichkeit erhalten, etwas als problematisch zu definieren, bevor Beratung erfolge. Der rhetorischen Frage nach einer Pflicht, »gut gelaunt zu sein«, kann aus lösungsorientierter Perspektive und ebenfalls polemisierend entgegnet werden, dass es ebenso keine Pflicht geben darf zu problematisieren. Tatsächlich ist Soziale Arbeit in bestimmten Kontexten (beispielsweise im Kindesschutz) in der Pflicht, das Ziel der Hilfe (beispielsweise das Wohl des Kindes) zu benennen und teilweise auch zu bestimmen. Somit müssen Sozialarbeiter *auch* über normative Zielvorstellungen verfügen. Darüber hinaus werden Konzepte des guten Lebens und der richtigen Lebensführung überwiegend entlang dem Willen und den Zielen der Klienten entworfen.

6 Fazit

Bereits de Shazer hat die Entwicklung des lösungsorientierten Beratungsansatzes als Ausfluss vielfältiger Erfahrungen aus der Beratungspraxis betrachtet. Die entsprechende pragmatistische Haltung, wonach sich Vorstellungen in der Praxis zu bewähren haben, könnte den Anspruch einer Handlungstheorie lösungsorientierter Sozialer Arbeit auszeichnen. Kern dieser Handlungstheorie wäre die Vorstellung einer lösungsorientierten Sozialen Arbeit als Reaktion auf die Entwicklungstatsache personaler und sozialer Systeme in einem Entwurfsmodus, der Ziele fokussiert sowie Ressourcen identifiziert und nutzt. Die vorliegende Skizze verweist auf eine Alternative zu dem Missverständnis sowohl in der Theoriebildung als auch Ausbildung und Praxis der Sozialen Arbeit, wonach sich ein »Problem« umso eher lösen lässt, je intensiver sich Soziale Arbeit mit ihm beschäftigt.

Lösungsorientierung bietet somit eine eigenständige Perspektive auf die Leistungen der Sozialen Arbeit. Die Bewertung der Sozialen Arbeit aus der Lösungsperspektive erfolgt nicht aus den Perspektiven anderer Funktionssysteme (Gesundheit, Recht, Justiz) sondern umreißt den adäquaten und eigenständigen Bereich der Sozialen Arbeit.

Mit Blick auf vier zentrale Merkmale lösungsorientierter Sozialer Arbeit kann der Band zum Abschluss geführt werden:

1) *Lösungsorientierte Haltung* statt Problemtrance: Themen, Aufgaben, Herausforderungen werden ressourcen- und zielorientiert begleitet, ohne dass die Beteiligten in eine Problemanalyse verfallen.

2) Orientierung an *Entwicklungen*: Entwicklung und ihre Themen (insbesondere »Inklusion/Exklusion«) bedeutet wesentlich mehr als Problemorientierung und ist die zukunftsorientierte Brücke beispielsweise zu sozialer Gerechtigkeit.
3) Blick auf *soziale* Situationen: Anders als eine Individualisierung von Problemlagen ermöglicht der Blick auf soziale Relationen eine autonome Perspektive Sozialer Arbeit.
4) *Kreativität*: Kreativität beschreibt/eröffnet notwendige Freiräume für Interaktionen in der Sozialen Arbeit.

Literatur

Aarts, M. (1996): Marte Meo guide. Harderwijk (Aarts).

Aarts, M. (2002): Marte Meo – Ein Handbuch. Harderwijk (Aarts).

Adorno, T. W. (1997): Minima Moralia. Frankfurt a. M. (Suhrkamp).

Anderson, H. u. H. S. Goolishian (1992): Der Kunde ist Experte: Ein therapeutischer Ansatz des Nicht-Wissens. *Zeitschrift für systemische Therapie* 10 (3); 176–189.

Antonovski, A. (1997): Salutogenese. Zur Entmystifizierung der Gesundheit. Tübingen (DGTV).

Apel, K. O. (1975): Der Denkweg des Charles S. Peirce. Eine Einführung in den amerikanischen Pragmatismus. Frankfurt a. M. (Suhrkamp).

Baecker, D. (1994): Soziale Hilfe als Funktionssystem der Gesellschaft. *Zeitschrift für Soziologie* 2: 93–110.

Baecker, D. (2007): Wozu Gesellschaft? Berlin (Kadmos).

Bamberger, G. (2010): Lösungsorientierte Beratung. Weinheim (Beltz).

Bannink, F. (2009): Praxis der Lösungsfokussierten Mediation: Konzepte, Methoden und Übungen für Mediatorinnen und Führungskräfte. Stuttgart (Concadora).

Beck, U. (1986): Risikogesellschaft. Auf dem Weg in eine andere Moderne. Frankfurt a. M. (Suhrkamp).

Beck, U. u. U. E. Ziegler (1997): Eigenes Leben – Ausflüge in die unbekannte Gesellschaft, in der wir leben. München (Beck).

Bentham, J. (1789): Introduction to the principles of morals and legislation. Dover (Dover).

Berg, I. K. (1992): Familien-Zusammenhalt(en). Ein kurztherapeutisches und lösungsorientiertes Arbeitsbuch. Dortmund (Modernes Lernen).

Berger, P. L. u. T.Luckmann (1977): Die gesellschaftliche Konstruktion der Wirklichkeit. Frankfurt a. M. (Fischer).

Bernfeld, S. (2000): Sisyphos oder die Grenzen der Erziehung. Frankfurt a. M. (Suhrkamp)

Bestmann, S. (2013a): Finden, ohne zu suchen. Einzelfallunspezifische Arbeit in der sozialräumlichen Kinder- und Jugendhilfe. Wiesbaden (VS – Verlag für Sozialwissenschaften).

Bestmann, S. (2013b): Chancen und Notwendigkeiten für eine lösungsfokussierte Beratung in der Sozialen Arbeit. *Systemische Soziale Arbeit – Journal der dgssa* 4+5 (Themenheft »Beratung«): 64–74.

Bestmann, S. (2015): Die Haltung des Nichtwissens und der sozialraumorientierte Ansatz. In: F. Eger (Hrsg.): Lösungsorientierte Soziale Arbeit. Heidelberg (Carl-Auer), S. 57–72.

Bischof, N. (1998) Struktur und Bedeutung: Eine Einführung in die Systemtheorie für Psychologen. Bern/Göttingen/Toronto/Seattle (Huber).

Bommes, M. u. A. Scherr (1996): Exklusionsvermeidung, Inklusionsvermittlung und/oder Exklusionsvermeidung. *neue praxis* 16 (2): 107–122.

Bommes, M. u. A. Scherr (2012): Soziologie der Sozialen Arbeit. Eine Einführung in die Formen und Funktionen organisierter Hilfe. Weinheim/Basel (Beltz).

Boszormenyi-Nagi, I. u. G. Spark (1973): Foundations of contextual therapy. (Collected papers of I. Boszormenyi-Nagy.) New York (Routledge).

Böwer, M. (2014): Was leitet unseren Blick bei erziehungsbezogenen Hilfen? (Vortragsskript, Fachtag SPIN Deutschland, 14. und 15. März 2014 in Mülheim an der Ruhr.)

Bruner, J. S. (1987): Wie das Kind sprechen lernt. Bern (Huber).

Budde, W. u. F. Früchtel (2011): Sozialraumbudget. In: Deutscher Verein für öffentliche und private Fürsorge (Hrsg.): Fachlexikon der sozialen Arbeit. Berlin (Deutscher Verein für öffentliche und private Fürsorge), 7. Aufl.

Bundesministerium für Familie, Senioren, Frauen und Jugend (Hrsg.) (2014): 14. Kinder- und Jugendbericht. Bericht über die Lebenssituation junger Menschen und die Leistungen der Kinder- und Jugendhilfe in Deutschland. Berlin (Bundesministerium für Familie, Senioren, Frauen und Jugend).

Bushman B. J., R. F. Baumeister a. C. M. Phillips (2001): Do people aggress to improve their mood? Catharsis beliefs, affect regulation opportunity, and aggressive responding. *Journal of Personality and Social Psychology* 81: 17–32.

Caritasverband für das Bistum Berlin e. V. (Hrsg.) (2005): »Gewalt stoppen mit Konfrontation.« Techniken für Prävention und Täterarbeit. (Dokumentarfilm.) Berlin (Caritasverband für das Bistum Berlin e. V.).

Castel, R. (2008): Die Metamorphosen der sozialen Frage. Eine Chronik der Lohnarbeit. Konstanz (UVK).

Castel, R. (2011): Die Krise der Arbeit. Neue Unsicherheiten und die Zukunft des Individuums. Hamburg (Hamburger Edition).

Cecchin, G., G. Lane, G. u. W. A. Ray (1993): Respektlosigkeit. Eine Überlebensstrategie für Therapeuten. Heidelberg (Carl-Auer), 5. Aufl. 2010 (unter dem Titel: Respektlosigkeit. Provokative Strategien für Therapeuten).

Conen, M.-L. (2006): Therapeutisierung der Sozialen Arbeit? Oder: Zirkuläres Fragen ist zirkuläres Fragen. *Kontext – Zeitschrift für systemische Therapie und Familientherapie* 37 (2): 191–198.

Conen, M.-L. u. G. Cecchin (2011): Wie kann ich Ihnen helfen, mich wieder loszuwerden? Therapie und Beratung mit unmotivierten Klienten und in Zwangskontexten. Heidelberg (Carl-Auer), 5. Aufl. 2016.

Conen, M.-L. et al. (2014): »Alles Systemisch?« – Systemische BeraterInnen und TherapeutInnen positionieren sich! (Stellungnahme der Regionalgruppe Berlin/Brandenburg, September 2014 – als Diskussionspapier unterstützt und beschlossen von der DGSF-Mitgliederversammlung am 6. Oktober 2014 in Friedrichshafen am Bodensee. Verfügbar unter: https://www.dgsf.org/themen/stellungnahmen-1/alles-systemisch-systemische-beraterinnen-und-therapeutinnen-positionieren-sich [6.4.2016].

Corsini, R. J. (1994): Konfrontative Therapie. In: R. J. Corsini (Hrsg.): Handbuch der Psychotherapie. Weinheim (Beltz), S. 555–570.

De Bono, E. (1985): Conflicts – A better way to resolve them. London (Penguin).

De Jong, P. u. I. K. Berg (2003): Lösungen (er)finden. Dortmund (Modernes Lernen).

Dell, P. (1984): Von systemischer und klinischer Epistemologie I. Von Bateson zu Maturana. *Zeitschrift für systemische Therapie* 2 (7): 147–171.

de Shazer, S. (1975): Brief therapy: Two's company. *Family Process* 14: 79–93.

de Shazer, S. (1986): Kurztherapie – Zielgerichtete Entwicklung von Lösungen.*Familiendynamik* 11: 182–205.

de Shazer, S. (1989): Wege der erfolgreichen Kurztherapie. Stuttgart (Klett-Cotta).

de Shazer, S. (1990): Noch einmal: Widerstand. *Zeitschrift für systemische Therapie* 8: 76–80.

de Shazer, S. (1992): Das Spiel mit Unterschieden. Wie therapeutische Lösungen lösen. Heidelberg (Carl-Auer), 6. Aufl. 2009.

de Shazer, S. (2009): Worte waren ursprünglich Zauber. Von der Problemsprache zur Lösungssprache. Heidelberg (Carl-Auer), 3., unveränd. Aufl. 2012.

Dettling, W. (2000): Die Bürgergesellschaft als Reformperspektive. Neue Chancen für das Ehrenamt. *Forschungsjournal Neue Soziale Bewegungen* 13 (2): 8–14.

Dueck, G. (2006): Das Sintflutprinzip. Ein Mathematik-Roman. Berlin (Springer).

Dutra Torres, R. (2013): Funktionale Differenzierung, soziale Ungleichheit und Exklusion. München (UVK).

Eger, F. (2010): Ressourcen sind besser als Probleme. Zur Ressourcenorientierung der Jugendämter. *Sozialmagazin* 04: 76–81.

Eger, F. u. G. Hensen (2013): Das Jugendamt in der Zivilgesellschaft, Weinheim (Beltz).

Eger, F. (Hrsg.) (2015a): Lösungsorientierte Soziale Arbeit. Heidelberg (Carl-Auer).

Eger, F. (2015b): Zukunft, die wir uns wünschen. In: F. Eger (Hrsg.): Lösungsorientierte Soziale Arbeit. Heidelberg (Carl-Auer), S. 11–29.

Engelke, E. (2004): Die Wissenschaft Soziale Arbeit. Werdegang und Grundlagen. Freiburg im Br. (Lambertus).

Erikson, E. H. (1966): Identität und Lebenszyklus, Frankfurt a. M. (Suhrkamp).

Etzioni, A. (1995): Die Entdeckung des Gemeinwesens: Ansprüche, Verantwortlichkeiten und das Programm des Kommunitarismus. Stuttgart (Schäffer-Poeschel).

Farelly, F. u. S. Matthews (1994): Provokative Therapie. In: R. J. Corsini (Hrsg.): Handbuch der Psychotherapie. Weinheim (Beltz), S. 956–977.

Feshbach, S. (1989): Emotion and motivation. In: J. Groebel u. P. Winterhoff-Spurk (Hrsg.): Empirische Medienpsychologie. München (PVU), S. 65–75.

Fischer, J. u. T. Kosellek (Hrsg.) (2013): Netzwerke und Soziale Arbeit.Theorien, Methoden, Anwendungen. Weinheim (Beltz).

Fuchs, P. u. D. Schneider (1995): Das Hauptmann-von-Köpenick-Syndrom. Überlegungen zur Zukunft funktionierender Differenzierung. *Soziale Systeme* 2: 203–224.

Furman, B. (2005): Ich schaffs! Spielerisch und praktisch Lösungen mit Kindern finden – Das 15-Schritte-Programm für Eltern, Erzieher und Therapeuten. Heidelberg (Carl-Auer), 6. Aufl. 2015.

Galuske, M. (2011): Methoden der Sozialen Arbeit. Eine Einführung, Weinheim (Juventa).

Geiling, W. (2002): Möglichkeiten und Grenzen lösungsorientierter Beratung und Therapie. *neue praxis* 1: 77–94.

Geisen, T., F. Kessl, T. Olk u. S. Schnurr (Hrsg) (2013): Soziale Arbeit und Demokratie. Wiesbaden (VS – Verlag für Sozialwissenschaften).

Gerber-Eggimann, K. (2008): Müssen – Können – Wollen. Lösungsorientierte Beratung im Zwangskontext. *SozialAktuell/AvenirSocial – Die Fachzeitschrift für Soziale Arbeit* 2: 39–41.

Gerber-Eggimann, P. u. K. Gerber-Eggimann (2005): Von den Problemen ganz zu schweigen … oder nicht? Lösungsorientiertes Arbeiten in der Sozialen Arbeit. *SozialAktuell/AvenirSocial – Die Fachzeitschrift für Soziale Arbeit* 1: 2–6.

Glasl, F. (1994): Das Unternehmen der Zukunft. Moralische Intuition in der Gestaltung von Organisationen. Stuttgart (Freies Geistesleben).

Gouldner, A. W. (1960): The norm auf receprocity: A preliminary statement. *American Sociological Review* 25: 161–178.

Grawe, K. (1998): Psychotherapie und die Integration psychotherapeutisch relevanten Wissens im Rahmen eines allgemeinen Modells. In: R. F. Wagner u. P. Becker (Hrsg.): Allgemeine Psychotherapie. Göttingen/Toronto/Zürich (Hogrefe).

Grawe, K. (2004): Neuropsychotherapie. Göttingen/Toronto/Zürich (Hogrefe).

Gregusch, P. (2005a): Interviewbeitrag in: Lösungsorientierte Soziale Arbeit. Leuchtfeuer oder Modetrend? Eine Diskussion rund um einen »boomenden Ansatz«. *SozialAktuell/AvenirSocial – Die Fachzeitschrift für Soziale Arbeit* 19 (November): 19–23.

Gregusch, P. (2005b): Voraussetzungen erfolgreicher Veränderungsarbeit. *SozialAktuell/AvenirSocial – Die Fachzeitschrift für Soziale Arbeit* 19 (November): 5–8.

Hafen, M. (2012a): Prävention. J. V. Wirth u. H. Kleve (Hrsg.): Lexikon des systemischen Arbeitens. Grundbegriffe der systemischen Praxis, Methodik und Theorie. Heidelberg (Carl–Auer), S. 309–312.

Hafen, M. (2012b): Problem. In: J. V. Wirth u. H. Kleve (Hrsg.): Lexikon des systemischen Arbeitens. Grundbegriffe der systemischen Praxis, Methodik und Theorie. Heidelberg (Carl-Auer), S. 312–315.

Haley, J. (1979): Direktive Familientherapie. Strategien für die Lösung von Problemen. München (Pfeiffer), 2. Aufl.

Hawellek, C. (1997): Von der Kraft der Bilder. Gedanken zur therapeutischen Nutzung von Videointeraktionsanalysen. *Systhema* 11 (2): 125–135.

Haynes, J. M. (2004): Mediation: Positive conflict management. New York (State University of New York Press).

Hebb, D. (1949): The organisation of behaviour. New York (Wiley).

Heilemann, M. (2004): Opferorientierter Strafvollzug. Über ein neues Professionalisierungsverständnis im Umgang mit Gewalt. In: J. Weidner, R. Kilb u. D. Kreft (Hrsg.): Gewalt im Griff. Bd. 1: Neue Formen des Anti-Aggressivitäts-Trainings. Weinheim/Basel (Juventa), S. 52–65.

Heilemann, M. u. G. Fischwasser-von Proeck (2001): Gewalt wandeln: Das Anti-Aggressivitäts-Training AAT. Lengerich (Pabst).

Herwig-Lempp, J. (2003): Welche Theorie braucht Soziale Arbeit? *Sozialmagazin* 2: 12–21.

Herwig-Lempp, J. (2012): Ressourcenorientierte Teamarbeit. Ein Lern- und Übungsbuch. Göttingen (Vandenhoeck & Ruprecht).

Herwig-Lempp, J. u. L. Kühling (2012): Sozialarbeit ist anspruchsvoller als Therapie. *Zeitschrift für systemische Therapie und Beratung* 2: 51–56.

Hesse, J. (2006): Aspekte und Fragen zur Systemisch-Lösungsorientierten Gruppentherapie. In: H. Molter u. J. Hargens (Hrsg.): Ich

– du – wir und wer sonst noch dazugehört. Systemisches Arbeiten mit und in Gruppen. Dortmund (Borgmann), S. 9–32.

Hillebrandt, F. (1999): Exklusionsindividualität. Moderne Gesellschaftsstruktur und die soziale Konstruktion des Menschen. Opladen (Leske + Budrich).

Hinte, W. (2007): Das Fachkonzept »Sozialraumorientierung«. In: D. Haller, W. Hinte u. B. Kummer (Hrsg.): Jenseits von Tradition und Postmoderne – Sozialraumorientierung in der Schweiz, Österreich und Deutschland. Weinheim (VS – Verlag für Sozialwissenschaften), S. 98–115.

Hinte, W. u. O. Fehren (2013): Sozialraumorientierung – Fachkonzept oder Sparprogramm? Freiburg im Br. (Lambertus).

Hinte, W. u. H. Treeß (2007): Sozialraumorientierung in der Jugendhilfe – Theoretische Grundlagen, Handlungsprinzipien und Praxisbeispiele einer kooperativ-integrativen Pädagogik. Weinheim (Beltz).

Hinte, W., G. Litges u. W. Springer (1999): Soziale Dienste: Vom Fall zum Feld. Berlin (Sigma).

Höffe, O. (2013): Einführung in die utilitaristische Ethik. München (A. Francke).

Hohm, H.-J. (2000): Soziale Systeme, Kommunikation, Mensch. Eine Einführung in soziologische Systemtheorie. Weinheim (Juventa).

Höllmüller, H. (2014): Modell Graz. Organisationstheoretische und entscheidungstheoretische Aspekte einer Top-down-Reform des Jugendamtes Graz. *soziales kapital. wissenschaftliches journal österreichischer fachhochschul-studiengänge soziale arbeit* Nr. 11. Verfügbar unter: http://www.soziales-kapital.at/index.php/sozialeskapital/article/viewFile/322/565.pdf [7.4.2016].

Hollstein-Brinkmann, H. (1993): Soziale Arbeit und Systemtheorien. Freiburg im Br. (Lambertus).

Hollstein-Brinkmann, H. (2000): Systemische Perspektiven in der Sozialen Arbeit. In:*Blätter der Wohlfahrtspflege. Deutsche Zeitschrift für Sozialarbeit* 147 (3–4): 49–52. Honneth, A. (2013): Das Recht der Freiheit. Grundriß einer demokratischen Sittlichkeit. Berlin (Suhrkamp).

Hosemann, W. (2012): Gesellschaftliche Herausforderungen: Was bietet die systemische Soziale Arbeit? *Sozialmagazin* 9: 44–50.

Hosemann, W. (2015): Soziale Gerechtigkeit zuerst! Lösungsorientierte Soziale Arbeit als gesellschaftliches Handeln, In: F. Eger (Hrsg.): Lösungsorientierte Soziale Arbeit. Heidelberg (Carl-Auer), S. 31–41.

Hosemann, W. u. W. Geiling (2013): Einführung in die Systemische Soziale Arbeit. München/Basel (Reinhardt).

Hüther, G. (2005): Biologie der Angst. Wie aus Stress Gefühle werden. Göttingen (Vandenhoeck & Ruprecht).

Joas, H. (1996): Die Kreativität des Handels. Frankfurt a. M. (Suhrkamp).

Kähler, H. D. (2009): Erstgespräche in der sozialen Einzelhilfe. Freiburg im Br. (Lambertus).

Kaimer, P. (1995): Lösungsorientiert zuerst! Ein Vorschlag. *Zeitschrift Verhaltenstherapie & psychosoziale Praxis* (Themenheft 3: »Fortschritte der Klinischen Psychologie«): 389–404.

Kellmer-Pringle, M. (1975): The needs of children. London (Hutchinson).

Kessl (2011): Zivilgesellschaft. In: H.-U. Otto u. H. Thiersch (Hrsg.): Handbuch Soziale Arbeit. München (Reinhardt) 4. Aufl., S. 1765–1774.

Kessl, F. u. S. Maurer (2005): Soziale Arbeit. In: F. Kessl, C. Reutlinger, S. Maurer u. O. Frey. (Hrsg.): Handbuch Sozialraum. Wiesbaden (VS – Verlag für Sozialwissenschaften), S. 111–128.

Kessl, F. u. C. Reutlinger (2007): Sozialraum – Eine Einführung. Wiesbaden (VS –Verlag für Sozialwissenschaften).

Kessl, F., C. Reutlinger, S. Maurer u. O. Frey (Hrsg.) (2005): Handbuch Sozialraum. Wiesbaden (VS – Verlag für Sozialwissenschaften).

Keupp, H. u. M. Zaumseil (Hrsg.) (1978): Die gesellschaftliche Organisation psychischen Leidens, Frankfurt a. M. (Suhrkamp).

KGST (Hrsg) (1998): KGST-Bericht 12/1998: »Kontraktmanagement zwischen öffentlichen und freien Trägern der Jugendhilfe«. Köln (KGST).

Kilb, R. u. J. Weidner (2013): Einführung in die Konfrontative Pädagogik. Stuttgart (UTB).

Kitcher, P. (2013): Der andere Weg. In: M. Hartmann, J. Liptos u. M. Willaschek (Hrsg.): Die Gegenwart des Pragmatismus. Frankfurt a. M. (Suhrkamp), S. 35–61.

Klemenz, B. (2003): Ressourcenorientierte Diagnostik und Intervention bei Kindern und Jugendlichen. Tübingen (DGVT).

Klemenz, B. (2007): Ressourcenorientierte Erziehung. Tübingen (DGVT).

Kleve, H. (1999): Postmoderne Sozialarbeit. Ein systemtheoretisch-konstruktivistischer Beitrag zur Sozialarbeitswissenschaft, Wiesbaden (VS – Verlag für Sozialwissenschaften).

Kleve, H. (2006): Vom »Brauchen« zum »Wollen« – Ein Paradigmenwechsel in der Sozialen Arbeit. In: Nachbarschaft hilft Wohngemeinschaft e. V. (Hrsg.) (2006):Leuchtfeuer querab! Wohin steuert die Sozialraumorientierung? Beiträge aus Theorie und Praxis. Berlin/Bonn (Westkreuz), S. 108–129.

Kleve, H. (2008): Sozialraumorientierung – Eine neue Kapitalismuskritik in der Sozialen Arbeit!? In: C. Spatscheck S. Kraus, M. Arnegger, A. Mattneru. B. Schneider B. (Hrsg.): Soziale Arbeit und Ökonomisierung. Analysen und Handlungsstrategien. Berlin/Milow/Straßburg (Schibri), S. 76–93.

Kleve, H. (2015): Die Wirtschaft der Sozialen Arbeit. Zum ambivalenten Wechselverhältnis von Geld und Helfen. *Soziale Arbeit* 4: 122–128.

Kneer, G. u. A. Nassehi (1997): Niklas Luhmanns Theorie sozialer Systeme. Eine Einführung. München (Wilhelm Fink).

Kohlberg, L. (1987): Moralische Entwicklung und demokratische Erziehung. In: G. Lind u. J. Raschert (Hrsg.): Moralische Urteilsfähigkeit. Eine Auseinandersetzung mit Lawrence Kohlberg über Moral, Erziehung und Demokratie. Weinheim/Basel (Beltz), S. 25–43.

Kohlberg, L. (1996): Die Psychologie der Moralentwicklung. Frankfurt a. M. (Suhrkamp).

Kosellek, T. (2015): Familie im Bild. Beziehungsbilder als Medium lösungsorientiert- systemischer Beratung. In: F. Eger (Hrsg.): Lösungsorientierte Soziale Arbeit. Heidelberg (Carl-Auer), S. 42–57

Kraus, B. (2013): Erkennen und Entscheiden. Grundlagen und Konsequenzen eines erkenntnistheoretischen Konstruktivismus für die Soziale Arbeit. Weinheim/München (Juventa).

Kronauer, M. (2010): Exklusion: Die Gefährdung des Sozialen im hoch entwickelten Kapitalismus. Frankfurt a. M. (Campus).

Lambers, H. (2010): Systemtheoretische Grundlagen Sozialer Arbeit. Opladen/Toronto (Barbara Budrich).

Lambers, H. (2013): Theorien der Sozialen Arbeit. Ein Kompendium und Vergleich. Opladen/Toronto (Barbara Budrich).

Landes, B. u. H.-G. Weigel (2015): Einfach, aber nicht leicht. Lösungsorientierte Hilfeplanung bei den Hilfen zur Erziehung. In: F. Eger (Hrsg.): Lösungsorientierte Soziale Arbeit. Heidelberg (Carl-Auer). S. 85–92.

LeDoux, J. (2001): Das Netz der Gefühle. München (DTV).

Lenhard, J. (2015): Mit allem rechnen – Zur Philosophie der Computersimulation. Berlin (de Gruyter).

Lewine, P. (2011): Sprache ohne Worte. Wie unser Körper Trauma verarbeitet und uns in die innere Balance zurückführt. München (Kösel).

Limbacher, B. u. J. Willig (1998): Wodurch unterscheidet sich die ökologisch-koevolutive Therapiekonzeption von einer systemisch-konstruktivistischen? *Familiendynamik* 2: 129–155.

Löw, M. (2001): Raumsoziologie. Frankfurt a. M. (Suhrkamp).

Ludewig, K. (1983): Die therapeutische Intervention: Eine signifikante Verstörung der Familienkohärenz im therapeutischen System. In: K. Schneider (Hrsg.): Familientherapie in der Sicht psychotherapeutischer Schulen. Paderborn (Junfermann).

Ludewig, K. (2000): Brauchen wir Störungswissen, um lösungsorientiert zu arbeiten? *Systeme* 14 (1): 31–46.

Luhmann, N. (1975): Soziologische Aufklärung 2. Aufsätze zur Theorie der Gesellschaft. Bd. 2. Opladen (Westdeutscher Verlag).

Luhmann, N. (1987): Soziale Systeme. Grundriß einer allgemeinen Theorie. Frankfurt a. M. (Suhrkamp).

Luhmann N. (1988): Selbstreferentielle Systeme. In: F. B. Simon (Hrsg.): Lebende Systeme. Wirklichkeitskonstruktionen in der systemischen Therapie. Heidelberg (Springer), S. 47–53.

Luhmann, N. (1991): Die Form »Person«. *Soziale Welt* 42: 166–175.

Luhmann, N. (1995): Soziologische Aufklärung 6. Die Soziologie und der Mensch. Opladen (Westdeutscher Verlag).

Luhmann, N. (1998): Die Gesellschaft der Gesellschaft. 2 Bde. Frankfurt a. M. (Suhrkamp).

Luhmannn, N. u. K. E. Schorr (1979): Reflexionsprobleme im Erziehungssystem. Frankfurt a. M. (Suhrkamp).

Marquard, P. (2004): Sozialraumorientierung und Demokratisierung – Gesellschaftspolitische, fachliche und organisatorische

Umsetzungsbedingungen für ein altes, neues Arbeitsprinzip. *Nachrichtendienst des Deutschen Vereins für öffentliche und private Fürsorge (NDV)* 4: 117–124.

Maturana, H. u. F. Varela (1987): Der Baum der Erkenntnis. Bern/München/Wien (Fischer).

Menke, C. (2013): Die Kraft der Kunst. Frankfurt a. M. (Suhrkamp).

Mentha, D. (2008): Lösungsorientierung und Neuroplastizität: Was sagt die moderne Hirnforschung über unsere Therapie- und Beratungskonzepte? Verfügbar unter: http: www.nla-schweiz.ch/download/neuroplastizitaet.pdf [7.4.2016].

Merten, R. (2000): Soziale Arbeit als autonomes Funktionssystem der modernen Gesellschaft? Argumente für eine konstruktive Perspektive. In: R. Merten (Hrsg.): Systemtheorie Sozialer Arbeit. Neue Ansätze und veränderte Perspektiven. Opladen (Leske + Budrich), S. 177–204.

Minuchin, S. (1979): Familie und Familientherapie. Theorie und Praxis der strukturellen Familientherapie. Freiburg im Br. (Lambertus).

Möbius, T. u. S. Friedrich (2010): Ressourcenorientiert Arbeiten. Wiesbaden (VS – Verlag für Sozialwissenschaften).

Naleppa, M. a. W. J. Reid (2003): Gerontological social work: a task-centered approach. Columbia (Columbia University Press).

Nietzsche, F. (1968): The will to power. New York (Random House).

Obrecht, W. (1991): Zur Kritik des Radikalen Konstruktivismus oder: Eine andere Art, systemisch zu denken. *Zeitschrift für systemische Therapie* 4: 281–286.

Obrecht, W. (2003): Probleme der Entwicklung der Disziplin und Profession der Sozialen Arbeit. (Vortrag auf der Fachtagung Sozialarbeitswissenschaft, Hochschule für Soziale Arbeit Zürich, 31.10.–1.11.2003.)

Obrecht, W. (2005): Ontologischer, sozialwissenschaftlicher und sozialarbeitswissenschaftlicher Systemismus – Ein integratives Paradigma der Sozialen Arbeit. In: H. Hollstein-Brinkmann u. S. Staub-Bernasconi (Hrsg.): Systemtheorien im Vergleich. Was leisten Systemtheorien für die Soziale Arbeit? Versuch eines Dialogs. Wiesbaden (VS – Verlag für Sozialwissenschaften), S. 93–172.

Obrecht, W. u. P. Gregusch (2003): Wofür ist Lösungsorientierung eine Lösung? Ein Beitrag zur sozialarbeitswissenschaftlichen

Evaluation einer therapeutischen Methode. *Archiv für Wissenschaft und Praxis der sozialen Arbeit. Vierteljahresheft zur Förderung von Sozial-, Jugend- und Gesundheitshilfe* 34 (1): 59–93.

Ohlemacher, T., D. Sögding, T. Höynck, N. Ethéu. G. Welte (2001): Anti-Aggressivitäts-Training und Legalbewährung: Versuch einer Evaluation. Hannover (KFN).

Øvreeide, H. a. R. Hafstad (1996): The Marte Meo method and developmental supportive dialogues. Harderwijk (Aarts).

Pantucek, P. (2005): Die Konstruktion des Problems. Ergänzende Texte zum Buch »Soziale Diagnostik. Verfahren für die Praxis Sozialer Arbeit«. Verfügbar unter:http://www.pantucek.com/diagnose/buchtexte/03_problemkonstruktion.pdf [7.4.2016].

Papoušek, M. (1994): Vom ersten Schrei zum ersten Wort: Anfänge der Sprachentwicklung. Bern (Huber).

Peters, B. (1993): Die Integration moderner Gesellschaften. Frankfurt a. M. (Suhrkamp).

Plewig, H.-J. (2010): Konfrontative Pädagogik. In: B. U. Dollinger u. H. Schmidt-Semisch (Hrsg.): Handbuch Jugendkriminalität – Kriminologie und Sozialpädagogik im Dialog. Wiesbaden(VS – Verlag für Sozialwissenschaften), S. 427–439.

Rauschenbach, T. (1994): Inszenierte Solidarität. Soziale Arbeit in der Risikogesellschaft. In: U. Beck u. F. Beck-Gernsheim (Hrsg.): Riskante Freiheiten: Individualisierung in modernen Gesellschaften. Frankfurt a. M. (Suhrkamp), S. 89–111.

Satir, V. (1973): Familienbehandlung. Kommunikation und Beziehung in Theorie, Erleben und Therapie. Freiburg im Br. (Lambertus).

Schaarschuch, A. (1998): Theoretische Grundelemente Sozialer Arbeit als Dienstleistung – Perspektiven eines sozialpädagogischen Handlungsmodus. Fakultät für Pädagogik der Universität Bielefeld (unveröffentl. Habilitationsschrift).

Schaarschuch, A. u. G. Oelerich (2005): Theoretische Grundlagen und Perspektiven sozialpädagogischer Nutzerforschung. In: G. Oelerich u. A. Schaarschuch (Hrsg.): Soziale Dienstleistungen aus Nutzersicht – Zum Gebrauchswert Sozialer Arbeit. München (Reinhardt), S. 9–25.

Scherr, A. (2015): Systemtheorie und Differenzierungstheorie als Kritik: Perspektiven im Anschluss an Niklas Luhmann. Weinheim (Beltz).

Scherzberg, A. (2006): Systemtheorie als sozialtheoretische Grundlage der Verwaltungslehre. (Vortrag an der Universität Hamburg.) Verfügbar unter: https://www.uni-erfurt.de/fileadmin/user-docs/Oeffentliches_Recht/Internetpubli/systemtheorie06.pdf [7.4.2016].

Scheu, B. u. O. Autrata (2011): Theorie sozialer Arbeit. Gestaltung des Sozialen als Grundlage. Wiesbaden (VS – Verlag für Sozialwissenschaften).

Schlippe, A. von (1999): Psychoedukative Ansätze und systemische Perspektive. (Referat auf der Fachtagung des Kölner Vereins für systemische Beratung e. V., 25.–26.02.1999 in Köln.) *Kölner Verein-Nachrichten* (Sonderheft 16): 5–11.

Schlippe, A. von u. J. Schweitzer (2007): Lehrbuch der systemischen Therapie und Beratung. Göttingen u. a. (Vandenhoeck & Ruprecht).

Schmidt, G. (1992): Trance-Phänomene in größeren Organisationen. [3 Audio-Cassetten.] Heidelberg (Carl-Auer).

Schmidt, G. (2000): Systemische Familientherapie als zirkuläre Hypnotherapie. *Familiendynamik* 10: 241–264.

Schmidt, G. (2015): Einführung in die hypnosystemische Therapie und Beratung. Heidelberg (Carl-Auer), 7. Aufl. 2016.

Schmitz, L. (2002): Lösungsorientierte Gesprächsführung. Übungen und Bausteine für Hochschule, Ausbildung & kollegiale Lerngruppen. Dortmund (Borgmann).

Schmitz, L. u. B. Billen (2012): Lösungsorientierte Mitarbeitergespräche. München (Borgmann).

Schneider, T. (2000): Handbuch der Dogmatik, Bd. I. Ostfildern (Patmos)

Schönig, W. (2012): Duale Rahmentheorie Sozialer Arbeit: Luhmanns Systemtheorie und Deweys Pragmatismus im Kontext situativer Interventionen. Weinheim (Beltz).

Schütz, A. u. Luckmann, Th. (1979): Strukturen der Lebenswelt. (Bd. 1 und 2). Frankfurt am Main (Suhrkamp)

Sherman, L. W. (1996): Preventing crime: What works, what doesn't, what's promising? Washington, DC (National Institute of Justice). Verfügbar unter: http://www.ncjrs.gov/pdffiles/171676.pdf [7.4.2016].

Simon, F. B. (2000): Name dropping. Zur erstaunlich großen, bemerkenswert geringen Rezeption Luhmanns in der Familienforschung. In: H. de Berg u. J. Schmidt (Hrsg.): Rezeption und Reflexion. Zur Resonanz der Systemtheorie Niklas Luhmanns außerhalb der Soziologie. Frankfurt a. M. (Suhrkamp), S. 361–386.

Sirringhaus-Bünder, A. u. P. Bünder (2005): Systemische Perspektive, Selbstwirksamkeit und videounterstützte Beratung nach der Marte-Meo-Methode. *Kontext. Zeitschrift für Systemische Therapie und Familientherapie* 36 (2): 166–181.

Sparrer, I. (2006): Wunder, Lösung und System. Lösungsfokussierte Systemische Strukturaufstellungen für Therapie und Organisationsberatung. Heidelberg (Carl-Auer), 6., überarb. Aufl. 2014.

Sparrer, I. (2007): Einführung in Lösungsfokussierung und Systemische Strukturaufstellungen. Heidelberg (Carl-Auer), 3., unveränd. Aufl. 2014.

Spector, M. a. J. I. Kitsuse (1973): Social problems: A re-formulation. *Social Problems*: 145–158.

Spitzer, M. (2002): Lernen: Gehirnforschung und Schule des Lebens. Berlin (Spektrum).

Spitzer, M. (2003): Neuronale Netzwerke und Psychotherapie. In: G. Schiepek (Hrsg.): Neurobiologie der Psychotherapie. Stuttgart (Schattauer), S. 42–57.

Staub-Bernasconi, S. (1986): Soziale Arbeit als eine besondere Art des Umgangs mit Menschen, Dingen und Ideen. Zur Entwicklung einer handlungstheoretischen Wissensbasis Sozialer Arbeit. *Sozialarbeit* 10: 2–71.

Staub-Bernasconi, S. (1997): Wann ist ein Problem (k)ein Problem? Soziale Arbeit zwischen drei Stühlen. In: A. Godenzi (Hrsg,): Konstruktion sozialer Probleme. Freiburg i. Br (Lambertus), S. 199–266.

Staub-Bernasconi, S. (2002): Soziale Arbeit als Disziplin und Profession im Umgang mit sozialen Problemen. In: W. Thole (Hrsg.): Grundriss Soziale Arbeit. Wiesbaden (VS – Verlag für Sozialwissenschaften).

Staub-Bernasconi, S. (2008): Menschenrechte in ihrer Relevanz für die Soziale Arbeit – oder: Was haben Menschenrechte überhaupt mit Sozialer Arbeit zu tun? *Widersprüche* 28: 9–32.

Stern, D. (1992): Die Lebenserfahrung eines Säuglings. Stuttgart (Klett-Cotta).

Storch, M. u. F. Krause (2011): Selbstmanagement ressourcenorientiert. Grundlagen und Trainingsmanual für die Arbeit mit dem Zürcher Ressourcenmodell. Bern (Huber).

Strunk, G. (2000): Die Theorie nichtlinearer dynamischer Systeme – Grundsätzliches – Nutzen – Therapie. *Systeme. Interdisziplinäre Zeitschrift für systemtheoretisch orientierte Forschung und Praxis in den Humanwissenschaften* 14 (2): 185–197.

Tacke, V. (2013): Systeme und Netzwerke – oder: Was man an sozialen Netzwerken zu sehen bekommt, wenn man sie systemtheoretische beschreibt. In: J. Fischer u. T. Kosellek (Hrsg.): Netzwerke und Soziale Arbeit. Theorien, Methoden, Anwendungen. Weinheim (Beltz), S. 143–162.

Thye, I. (2013): Systemtheorie und Kommunikation. Niklas Luhmanns Theorie sozialer Systeme in der Kommunikationswissenschaft. Verfügbar unter: http://www.muenster.de/~laus/texts/ha/systemtheorie.pdf [7.4.2016].

Trevarthen, C. (1979): Communication and cooperation in early childhood: A description of primary intersubjectivity. In: M. Bullowa (ed.): Before speech. The beginnung of interpersonal communication. Cambridge (Cambridge University Press), pp. 321–347.

Varela, F. (1993): Das zweite Gehirn unseres Körpers. In: H. R. Fischer, A. Retzer u. J. Schweitzer (Hrsg.): Das Ende der großen Entwürfe. Frankfurt a. M. (Suhrkamp), S. 109–116.

Vögtli, K. (2005b): … und wenn Sozialarbeit(en) leichter würde? *Kontext* 36 (2): 135–148.

Walter, J. L. u. J. E. Peller (2004): Lösungsorientierte Kurztherapie – Ein Lehr- und Lernbuch. Dortmund (Modernes Lernen).

Weidner, J. (2001): Vom Straftäter zum Gentleman? In: H. E. Colla, C. Scholz u. J. Weidner (Hrsg.): »Konfrontative Pädagogik«. Das Glen-Mills-Experiment. Mönchengladbach (Forum Godesberg), S. 7–54.

Welter-Enderlin, R. u. Bruno Hildenbrand (2006): Resilienz. Gedeihen trotz widriger Umstände . Heidelberg (Carl-Auer), 5. Aufl. 2016.

Weyers, S. (2010): Demokratische Partizipation durch »Just Communities«. In: B. Dollinger u. H. Schmidt-Semisch (Hrsg.): Handbuch Jugendkriminalität. Kriminologie und Sozialpädagogik im Dialog. Wiesbaden (VS –Verlag für Sozialwissenschaften), S. 415–426.

Wiesner, R. (2006): SGB VIII: Kinder- und Jugendhilfe. München (Beck).

White, M. (1989): Selected papers. Adelaide (Dulwich).

Wilkening, F. u. T. Cacchione (2007). Neuere systemtheoretische Ansätze in der Entwicklungspsychologie. In: M. Hasselhorn u. W. Schneider (Hrsg.): Handbuch der Entwicklungspsychologie. Göttingen (Hogrefe), S. 49–61.

Willutzki, U. (2003): Ressourcen: Einige Bemerkungen zur Begriffsklärung. In: H. Schemmel u. J. Schaller (Hrsg): Ressourcen. Ein Hand- und Lesebuch zur therapeutischen Arbeit. Tübingen (DGTV), S. 91–108.

Winkler, M. (1988): Eine Theorie der Sozialpädagogik. Stuttgart (Klett-Cotta).

Winter, H. (1998): Gerechte Gemeinschaften in der Jugendhilfe. In: K. Giebeler (Hrsg.): Werteaneignung als Drahtseilakt. Berlin (VPK), S. 91–104.

Wittgenstein, L. (1970): Das Blaue Buch. In: L. Wittgenstein: Schriften. Bd. 5. Frankfurt a. M. (Suhrkamp).

Wittgenstein, L. (1989a): Tractatus logico-philosophicus. In: L. Wittgenstein: Werkausgabe. Bd. 1. Frankfurt a. M. (Suhrkamp).

Wittgenstein, L. (1989b): Philosophische Untersuchungen. In: L. Wittgenstein: Werkausgabe. Bd. 1. Frankfurt a. M. (Suhrkamp).

Ziegler, H. (2001): Prävention – Vom Formen der Guten zum Lenken der Freien. *Widersprüche* 79: 7–24.

Über den Autor

Frank Eger, Prof. Dr. phil., Dipl.-Päd., Dipl.-Sozialarb.; Professor für Kinder- und Jugendhilfe an der Fakultät »Soziale Arbeit« der Hochschule Braunschweig/Wolfenbüttel. Arbeitsschwerpunkte: Lösungsorientierte Kinder- und Jugendhilfe, Qualitative Verfahren in der Sozialen Arbeit. Publikation u. a.: *Lösungsorientierte Soziale Arbeit* (als Hrsg., 2015).

Kontakt: *www.loesung-sozial.de*

Frank Eger (Hrsg.)

Lösungsorientierte Soziale Arbeit

234 Seiten, Kt, 2015
ISBN 978-3-8497-0019-5

Dieses Buch rüttelt an den Grundfesten der Sozialen Arbeit. Es propagiert den Paradigmenwechsel von der intensiven Problemanalyse hin zur konsequenten Lösungsorientierung mit der Ausrichtung auf Ziele, Ressourcen und Kompetenzen.

Die Autoren beschreiben zunächst die Grundlagen und die gesellschaftliche Bedeutung des lösungsorientierten Ansatzes, bevor sie sich einzelnen Handlungsfeldern der Kinder- und Jugendhilfe zuwenden, darunter Hilfen zur Erziehung, stationäre Jugendhilfe, Zwangskontexte und Schulsozialarbeit.

In den Beiträgen werden das Potenzial und die enorme Brauchbarkeit der Lösungsorientierung deutlich: für die professionellen Fachkräfte, die Klienten, die im Feld der Sozialen Arbeit tätigen Organisationen und für den wissenschaftlichen Diskurs.

Mit Beiträgen von: Kaspar u. Marianne Baeschlin • Stefan Bestmann • Frank Eger • Katharina Gerber • Karl-Heinz Gröpler • Wilfried Hosemann • Tobias Kosellek • Benjamin Landes • Frauke Mangels • Hans-Georg Weigel.

Heiko Kleve

Komplexität gestalten

Soziale Arbeit und Case-Management mit unsicheren Systemen

166 Seiten, Kt, 2016
ISBN 978-3-8497-0092-8

Soziale Arbeit hat es in der Regel mit komplexen Phänomenen und unsicheren Systemen zu tun, seien es Familien oder die Gesellschaft als Ganzes. Viele Einzelaspekte beeinflussen und bedingen sich gegenseitig, sodass jedes zielgerichtete Handeln nicht absehbare Folgen produzieren kann.

Wie lassen sich solche komplexen Verhältnisse angemessen beobachten, beschreiben und interpretieren? Und wie lassen sich komplexe Entwicklungsprozesse angemessen gestalten? Vermitteln und Übersetzen sind die Schlüsselqualifikationen, wenn es darum geht, komplexe Situationen zu gestalten, und genau dort liegen die Stärken und die Fachkompetenz der Sozialen Arbeit.

Heiko Kleve leistet mit diesem Buch einen entscheidenden theoretischen Beitrag für ein vertieftes systemisches Verständnis Sozialer Arbeit. Gleichzeitig bietet er praktische Anregungen für die unmittelbare Fallarbeit in unterschiedlichen Handlungsfeldern. Die positive Botschaft lautet: Komplexe Systeme lassen sich zwar nicht zielgerichtet steuern, doch in jedem Fall intelligent und sinnvoll gestalten.